ROMAN KMENTA
AF349083
DAS
MUT MACH
BUCH
EIN UNTERHALTSAMES
TRAININGSPROGRAMM FÜR MEHR
MUT UND SELBSTWERT
67 HERAUSFORDERUNGEN, DIE DEIN SELBSTBEWUSSTSEIN STÄRKEN

Impressum

© 2022 Roman Kmenta, Forstnergasse 1, A-2540 Bad Vöslau –
www.romankmenta.com

1. Auflage 10/2022

Umschlaggestaltung: Monika Stern / sternloscreative
Layout: Sternloscreative
Illustration: sternloscreative
Lektorat/Korrektorat: VoV media
Bildrecht: Freepik premium, monika stern-sternloscreative
Verlag: VoV media – www.voice-of-value.com

ISBN Taschenbuch: 978-3-903845-39-8

INHALTS VERZEICHNIS

MEINS

DIE

„DAS IST MEINS"

-SEITE

Fülle diese Seite aus und nimm damit dieses Buch in Besitz. Es ist deines und jeder, der es zufällig in die Hände bekommt, sollte das auch gleich wissen.

KEINE ANGST!

Es ist nicht der Plan es anderen zu zeigen...

Außer du bist am Ende des Buches, nachdem du alle Übungen gemacht hast, so mutig, dass du das freiwillig machst.

Du siehst also, auch das In-Besitz-Nehmen ist bereits eine klitzekleine Mutübung.

DIESES BUCH GEHÖRT

···

MEINE ADRESSE IST

···

Liebe Finderin, lieber Finder,

sollte ich dieses Buch verloren oder verlegt und Sie es gefunden haben, dann seien Sie so nett und geben oder schicken Sie es an mich zurück. Und wenn Sie möchten, können Sie gerne eine der Aufgaben für mich erledigen.

Herzliche Grüße

···

DEINE UNTERSCHRIFT

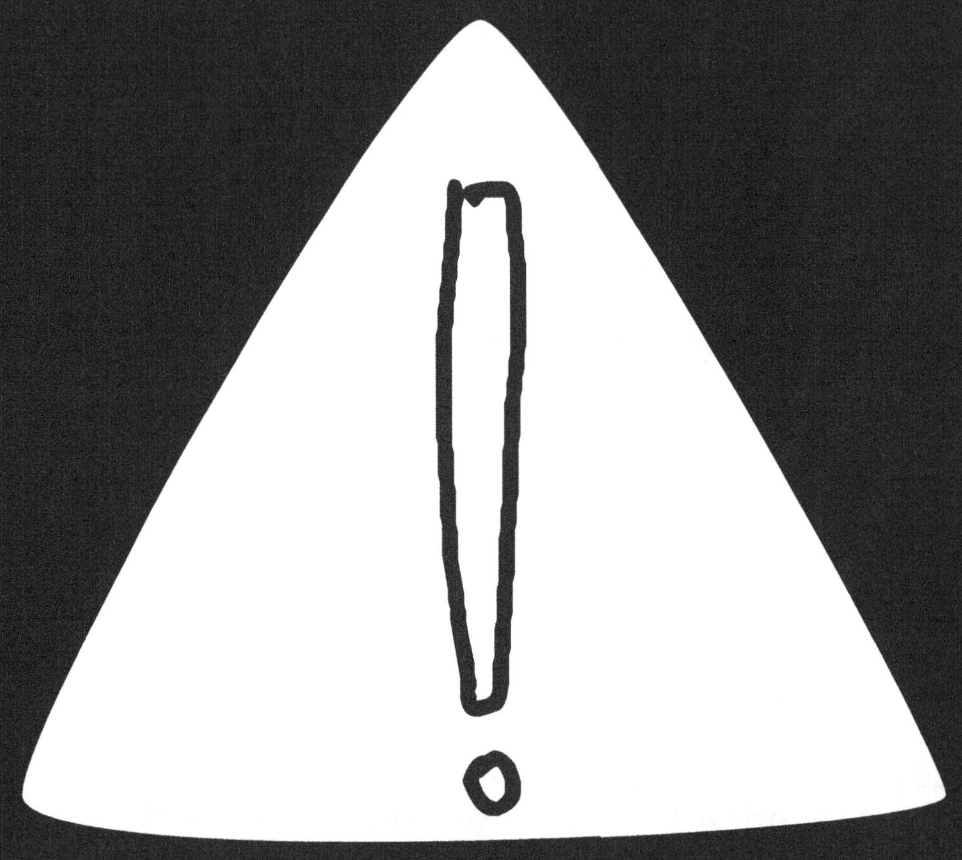

DISCLAIMER

ACHTUNG BITTE ACHTGEBEN!

Die in diesem Buch angeführten Aufgaben sind ungewöhnlich und außerhalb dessen, was du üblicherweise machst. Das soll auch so sein und ist Sinn und Zweck des Buches. Die meisten davon sind gesundheitlich und rechtlich vollkommen unbedenklich und ungefährlich.

Bei ein paar wenigen kann es sein, dass du – je nach deinem gesundheitlichen Zustand bzw. deiner Fitness – deinen Arzt fragen solltest, ob du diese Aufgabe durchführen kannst. Mache das in jedem Fall, wo du dir nicht ganz sicher bist.

Ein paar wenige Aufgaben enthalten auch ein kleines Restrisiko, was die Sicherheit angeht. Wo immer du es für nötig erachtest, triff sinnvolle Sicherheitsmaßnahmen.

Weitere Aufgaben sind ggfs. rechtlich abzuklären bzw. es sind Genehmigungen dafür einzuholen. Mache auch das, wo immer das notwendig ist.

Überall dort, wo es aus meiner Sicht Risiken irgendwelcher Art geben könnte, habe ich gesondert darauf hingewiesen. Überflüssig zu sagen, dass du ganz allein selbst verantwortlich bist welche Aufgaben du wie ausführst. Auch diese Verantwortung zu tragen hat etwas mit Mut zu tun.

Ich hafte als Autor in keinem Fall dafür, was du mit diesem Buch anstellst. Das wollte ich nur mal gesagt haben, auch wenn das ohnehin klar sein sollte.

Und wenn dich dieser Hinweis entweder neugierig gemacht hat oder ein mulmiges Gefühl in dir erzeugt, dann ist das durchaus im Sinn dieses Buches.

Mehr mut

BIST DU MUTIG?

SELBSTBEWUSST?

Vermutlich nicht mutig genug aus deiner Sicht, sonst hättest du dir dieses Buch nicht gekauft. Und wenn es dir jemand geschenkt hat, dann meint diese Person, dass du durchaus noch ein wenig mehr Mut und Selbstbewusstsein brauchen könntest. Wie auch immer: Du hast dafür genau das richtige Buch in der Hand.

Wobei... Eigentlich ist es gar kein richtiges Buch. Es sieht nur aus wie eines. Vielmehr ist es ein Programm, ein Kurs für mehr Mut und Selbstbewusstsein. Du findest in diesem Buch ganz wenig Text und Theorie zum Thema.

WARUM? Die Theorie hilft dir zu verstehen was Selbstbewusstsein und Mut sind, wo sie herkommen und vielleicht sogar, warum du noch zu wenig davon hast. Wie so vieles im Leben hat das mit deinen bisherigen Erfahrungen, vor allem mit denen in deiner Kindheit zu tun. Die ist zwar (lange) vorbei, aber wirkt immer noch nach. **LEIDER** 🙁.

Und das zu wissen und zu verstehen ist nicht schlecht, mutiger und selbstbewusster bist du deshalb aber lange noch nicht.

Aber wenn nicht so, wie dann mehr Mut und Selbstbewusstsein bekommen? Die gute Nachricht ist: Du kannst immer noch neue Erfahrungen machen, die dich verändern und dir mehr Mut und Selbstbewusstsein verleihen. Mut ist so gesehen wie ein Muskel. Das heißt man kann ihn trainieren.

Das Praktische ist dabei, du musst ihn nicht dort trainieren, wo du ihn brauchst. Was ich damit meine? Wenn du zum Beispiel mehr Mut im Beruf brauchst, um deinem Chef nach einer Gehaltserhöhung zu fragen, dann kannst du dir den Mut dafür im privaten Bereich antrainieren, oder auch umgekehrt. Wenn du den Mut erst einmal hast, kannst du ihn überall einsetzen.

Es ist wie mit deinem Bizeps. Wenn er kräftig ist, kannst du schwere Dinge damit heben. Dem Bizeps ist es egal, ob das ein Autoreifen, eine volle Einkaufstasche oder ein großer Blumentopf ist.

Das Ziel dieses Buches ist also nicht zu verstehen, warum du so bist wie du bist – dafür geh am besten ein paar Jahre lang zum Psychoanalytiker deines Vertrauens – sondern, dass du am Ende des Buches tatsächlich mutiger und selbstbewusster bist als jetzt.

Und wenn du jetzt denkst: „Wow, das Buch macht das!?"... dann muss ich dich leider enttäuschen. Das Buch macht eigentlich nichts. Du wirst machen ... zumindest, wenn es dir echt wichtig ist mit dem Mutiger- und Selbstbewusster-Werden.

Dafür steht das MACH im Titel des Buches.

ES GEHT UMS MACHEN.

Wenn du jetzt enttäuscht sein solltest, weil du dachtest, entspannt lesen würde reichen, kannst du das Buch immer noch an jemand anderen schenken, der mehr damit anfangen kann. Aber das wäre schade, denn dieses Buch bzw. das, was du damit machst, könnte dein Leben grundlegend verändern. Und verschenken kannst du es immer noch, wenn du meinst, dass es jemand anderer auch gut brauchen könnte.

Du findest in diesem Buch eine Menge kleiner und manchmal auch größerer Übungen, die deinen Mutmuskel stärken. Es sind Übungen, die du gut in deinem Alltag unterbringen kannst...
Die meisten zumindest.

Die Übungen sind in drei Bereiche eingeteilt, je nachdem wieviel Mut diese Übung erfordert:

 1 Herz: ein wenig Mut

 2 Herzen: schon etwas mehr Mut

 3 Herzen: ziemlich viel Mut

Herzen deshalb, weil Mut sehr viel mehr mit dem Herz zu tun hat als etwa mit dem Gehirn. Es geht schließlich auch darum, die Sache be-HERZ-t anzugehen.
Diese Übungen für dein Mutmuskeltraining sind aus allen möglichen Bereichen des Lebens - Beruf, Bezie-

hung, Urlaub, Essen, Sport, Hobbies... und vieles mehr. Wie schon gesagt ist es egal, wie und wo du dir mehr Mut und Selbstbewusstsein antrainierst. Hauptsache du trainierst!

Aufgaben, die du im Laufe des Programmes erledigen wirst, haben alle etwas gemeinsam: Du musst dafür deine Komfortzone verlassen. Für manche eben nur ein kleines Stück, für andere ganz schön weit. Damit du besser verstehst, was ich meine, habe ich das Konzept für dich hier aufgezeichnet.

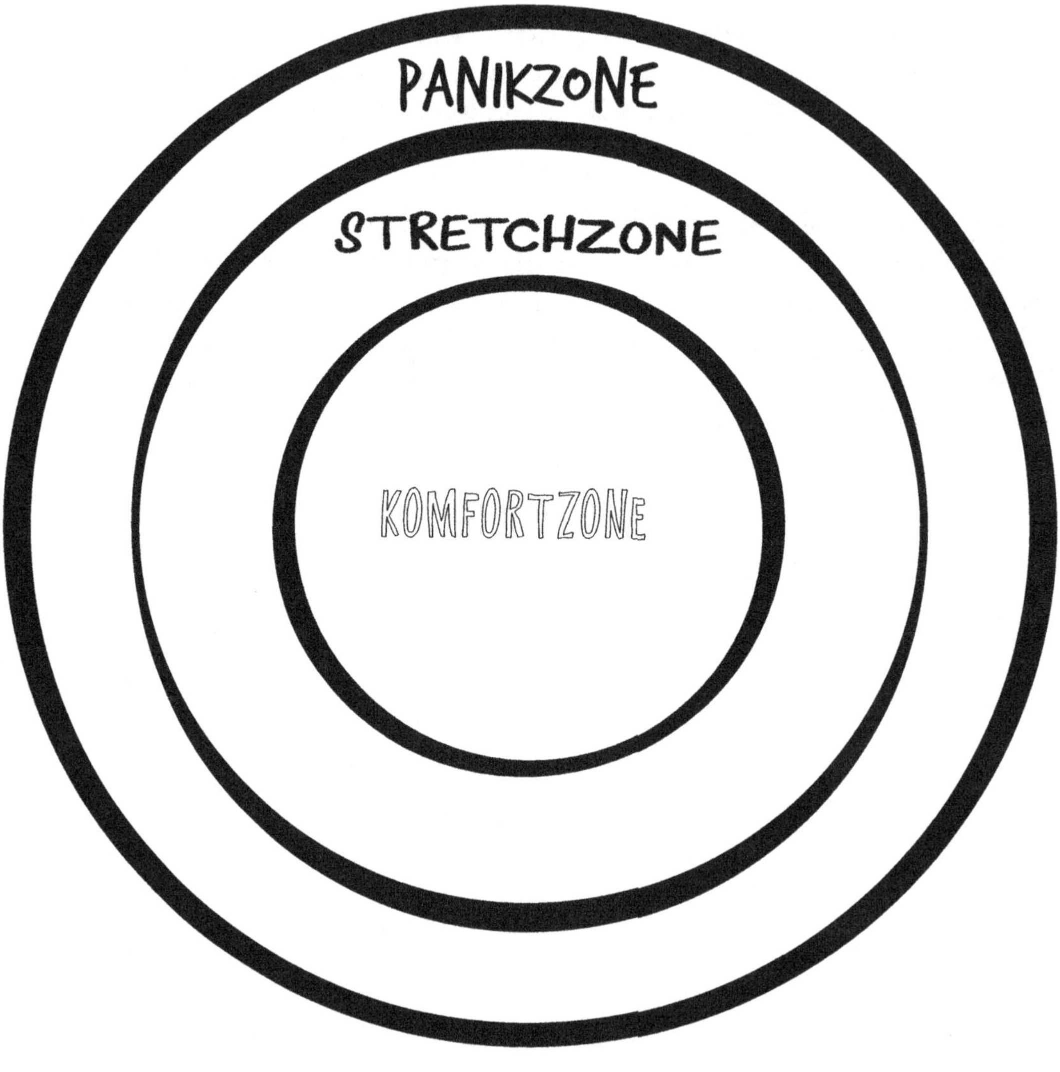

PANIKZONE
STRETCHZONE
KOMFORTZONE

Nur wenn du die Komfortzone verlässt, wachsen deine Muskeln. Das ist mit dem Mutmuskel dasselbe wie mit dem Bizeps. Wenn du den Bizeps nur mit einer 1-kg-Hantel trainierst, bekommst du maximal eine Sehnenscheidenentzündung von den vielen Wiederholungen, aber keinen stärkeren Muskel. Den bekommst du nur, wenn du ihn ein wenig oder auch mal stärker überlastest. Klarerweise nicht so stark, dass er reißt. Aber doch so stark, dass es anstrengend ist, ein wenig wehtut und du danach Muskelkater bekommst – Mutmuskelkater in unserem Fall ;-) . Wachstum findet nur außerhalb der Komfortzone, in der sogenannten Stretchzone statt – beim Bizeps sowie auch beim Mut.

Jetzt ist es natürlich nicht so, dass alle Leserinnen und Leser dieselbe Vorstellung von ihrer Komfortzone haben. Bungeejumpen wäre für mich weit außerhalb und zumindest ganz nahe an der Panikzone, oder vermutlich schon mittendrin. Andere haben vielleicht schon einige Sprünge am Gummiseil gemacht und es braucht kaum mehr Mut, sich in die Tiefe zu stürzen ... wenngleich ich glaube, dass das nicht viele der Leserinnen und Leser dieses Buches betrifft.

Wenn du jetzt denkst es ginge nur um Bungeejumping und ähnlich waghalsige Unterfangen, dann liegst du völlig daneben. Oft sind es ganz kleine, unscheinbare

Aktivitäten, die eine Menge Mut erfordern.
Manche der Übungen werden dir vielleicht ein wenig
Angst machen. Das ist in Ordnung. Es geht ja auch nicht
darum, diese Angst zu verlieren. Die darfst du auch in
Zukunft verspüren und solltest das in manchen Situationen sogar unbedingt. Es geht darum, trotz der Angst
zu handeln.

„MUT BEDEUTET NICHT, KEINE ANGST ZU HABEN, SONDERN TROTZ DER ANGST ZU HANDELN.“

Aber wie selbstbewusst du auch immer in einzelnen
Lebensbereichen schon sein magst, ich verspreche dir,
es werden ganz sicher auch die richtigen Übungen für
dich dabei sein. Und noch etwas verspreche ich dir: Du
wirst eine Menge Spaß haben dabei... Und ja, ok, bei
manchen Übungen mehr davon und manche wirst du
erst so richtig unterhaltsam finden, wenn du danach
anderen davon erzählen kannst.

„BLAMIERE DICH TÄGLICH!“

Diese Regel habe ich vor Jahren in einem Verkaufssemi-
nar gehört. Er trifft auf die Idee und viele der Aufgaben sehr gut zu. Zu riskieren, dich zu blamieren, erfordert Mut. Und dieses Risiko täglich einzugehen trainiert
deinen Mutmuskel permanent.

Nachdem ich ja vorhin so vollmundig angekündigt
habe, dass es ein MACH-Buch, ein Arbeitsbuch und kein
Theoriebuch ist, höre ich jetzt auch schon auf zu quat-
schen. Das Wichtigste ist gesagt, alles andere wirst du
Stück für Stück erfahren bzw. erleben.

Lies dir nur noch die folgenden Anleitungen für
deinen MUT-MACH-KURS durch und dann geht es auch
schon los!

Eines vielleicht noch: Lege das Buch nicht beiseite,
bevor du nicht zumindest eine Übung gemacht hast.
Mach die erste Übung unbedingt noch heute,
gleich jetzt am besten.

VIEL SPASS DABEI!

Bevor du beginnst

Ich weiß, du bist jetzt wahrscheinlich schon ganz aufgeregt und stehst in den Startlöchern, um sofort loszulegen. Das kannst du auch gleich tun. Ich bin der allerletzte, der dich davon abhalten möchte.

Bevor du loslegst, mach noch schnell diese beiden Sachen. Sie sind in 5 Minuten erledigt. Versprochen.

besuche die webseite zum buch

Schau auf die Seite zu diesem Buch. Dort findest du allerlei Hilfreiches. Unter anderem auch einen kurzen Mut-Selbsttest zum Download, der dir zeigt, wo du in Sachen Mut gerade stehst. Hole dir den Test und fülle ihn gleich jetzt aus.

https://www.romankmenta.com/mutmachbuch-ressourcen/

komm in die facebook-gruppe

Gemeinsam geht vieles leichter, auch Mut und Selbstbewusstsein zu steigern. Komm daher in die „MUT-MACH-BUCH" Facebook-Gruppe. Dort findest du Gleichgesinnte, die auch alle Leserinnen und Leser von diesem Buch sind.

Ihr könnt euch darüber austauschen, wie schwer oder leicht euch die eine oder andere Aufgabe gefallen ist, vor welchen Hürden ihr steht und ihr könnt auch Partner finden, die Euch helfen, Eure Aufgaben zu erfüllen (wie und wofür du diese möglicherweise brauchst, erfährst du gleich auf der nächsten Seite).

KURSANLEITUNG UND TIPPS

Das Buch bzw. Programm ist als 52-Wochen Programm gedacht. Eine Aufgabe pro Woche. In dem Buch sind mehr als 52 Aufgaben. Das heißt, dass du nicht alle machen musst. Du kannst auch welche streichen. Das musst du zwar nicht, aber ich wage zu behaupten, dass du über diese Möglichkeit froh sein wirst.

- ## TRAGE DAS BUCH IMMER BEI DIR

  Das wird dir helfen, deinen Fokus auf die Umsetzung zu lenken und dranzubleiben.

- ## BLÄTTERE DAS BUCH EINMAL DURCH

  Verschaffe dir einen Überblick, welche Aufgaben auf dich zukommen. Das hilft dir als Grundlage für die nächsten Schritte.

- ## VERGIB BEI JEDER AUFGABE MUT-PUNKTE

  Ich habe die Aufgaben zwar grob in drei Bereiche eingeteilt, aber deine persönliche Einschätzung kann natürlich davon abweichen. Vergib daher bei jeder Aufgabe Mut-Punkte (siehe „Mut-Punkte davor") von 1 (braucht nur ganz wenig Mut) bis 10 (braucht unglaublich viel Mut). Das könntest du z.B. jetzt gleich für alle Aufgaben machen.

  Sobald du eine Aufgabe erledigt hast, trage die Mut-Punkte nochmals ein (siehe „Mut-Punkte danach"). Die beiden Punktewerte könnten (stark) voneinander abweichen. Vieles im Leben ist nicht so schlimm, wie es manchmal scheint.

- ## ERFINDE DREI EIGENE AUFGABEN

  Ich habe mich zwar bemüht bei den Mutmach-Aufgaben
  an möglichst viele verschiedene Dinge zu denke, aber es
  gibt sicher noch welche, die für dich ganz persönlich gut
  passend wären und noch nicht in diesem Buch zu finden
  sind.

  Überlege dir mindestens drei eigene Aufgaben und
  trage sie ganz vorne, vor der Aufgabe Nr. 1 auf den
  freien Seiten ein. Das kannst du jetzt gleich machen
  oder auch im Laufe der nächsten Wochen und Monate.

- ## WÄHLE DEINE ERSTEN DREI AUFGABEN

  Suche dir die drei Aufgaben aus, die du als erstes
  (und selbst) machen wirst und trage die Reihenfolge
  in das Feld, das bei jeder Aufgabe dafür vorgesehen
  ist, ein.

- ## LEG FEST BIS WANN DU FERTIG SEIN WIRST

  Trage hier ein Datum ein, bis zu dem du alle Aufgaben
  erledigt haben wirst. Gedacht ist es, wie erwähnt, als
  52-Wochen Programm, aber natürlich kannst du es auch
  schneller absolvieren... Langsamer würde ich nicht empfehlen.

- ERLEDIGE DEINE AUFGABEN

52 Aufgaben in 52 Wochen – das ist der Plan. Die übrigen kannst du – wenn du willst – streichen. Aber natürlich kannst du gerne auch alle machen.

Von den 52 kannst du auch noch maximal fünf delegieren. Für diese fünf musst du jemand anderen (eine Person oder auch mehrere) finden, der sie für dich macht. Die Reihenfolge ist dabei egal. Die Aufgaben sind wie erwähnt in drei Mut-Stufen unterteilt. Zuerst die einfacheren, dann die, für die du schon mehr Mut brauchst und im dritten Teil des Buches die Aufgaben für dich, sobald dein Mutmuskel schon gestärkt ist.

Wähle die Reihenfolge passend dazu, wie mutig du dich gerade fühlst. Natürlich kann es viel Sinn machen, mit den einfacheren zu beginnen und dich dann zu steigern.

achtung:

Wenn du eine Aufgabe leicht machen könntest (vielleicht sogar eine, die für die meisten viel Mut erfordert), weil du sie aus welchem Grund auch immer schon oft gemacht hast, oder regelmäßig machst, dann fällt diese automatisch in die Gruppe der Aufgaben, die du ganz weglässt. Ein Beispiel dazu: Wenn du berufsmäßig Redner bist, dann ist es keine Herausforderung für deinen Mut, einen Vortrag zu halten (obwohl es da Ausnahmen geben soll).

- PLANEN HILFT

Natürlich kannst du viele der Übungen spontan machen. Manche musst du im Voraus planen. Mache dir am besten ein Monatsprogramm, indem du die jeweils nächsten vier oder fünf Aufgaben festlegst. Dadurch wird die Umsetzung einfacher.

- **ANDERE MITEINBEZIEHEN**

  Es gibt die eine oder andere Aufgabe, bei der du Unterstützung brauchen kannst – moralisch oder tatsächlich, indem du eine Aufgabe – wie oben beschreiben – delegierst. Suche dir daher eine oder auch mehrere Personen deines Vertrauens, die du dann bei Bedarf mit einbeziehst.

- **DOKUMENTIERE DEINE ERFOLGE**

  Bei jeder Aufgabe findest du einen Platz für deine Notizen. Schreib dort rein, wie du dich gefühlt hast (davor, währenddessen und danach) und was dir sonst wichtig erscheint. Mache Fotos oder Videos von dir, während du Aufgaben erledigst. Und, wenn du schon mutig genug bist, zeige diese Aufnahmen anderen. Wenn du in der Facebook-Gruppe zu diesem Buch bist (den Link findest du im Ressourcenbereich), dann kannst du diese Fotos und Videos natürlich mit anderen teilen. So könnt ihr euch gegenseitig mutiger machen.

- **ERFOLGE ANSEHEN**

  Sieh dir deine erfolgreich erledigten Aufgaben immer wieder an – die Notizen, die Fotos und Videos. Damit führst du dir vor Augen, wie mutig du schon bist... Das musst du ja schließlich sein, wenn du solche Aufgaben erledigt hast.

- **AUFGABEN WIEDERHOLEN**

  Natürlich kannst du Aufgaben, die du absolviert hast und von denen du meinst, dass sie deinen Mut stärken, wiederholen. Manche davon könntest du z.B. auch fest in deinen Tagesablauf einbauen.

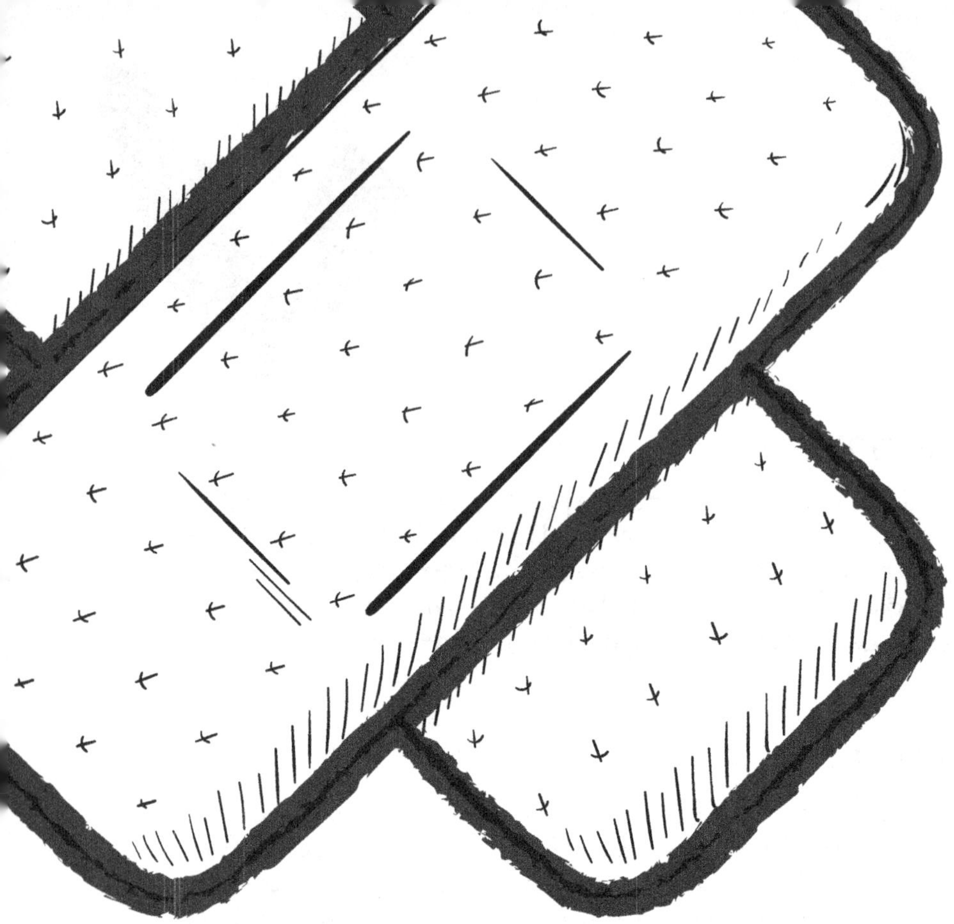

SOFORTHILFE

FÜR MEHR MUT

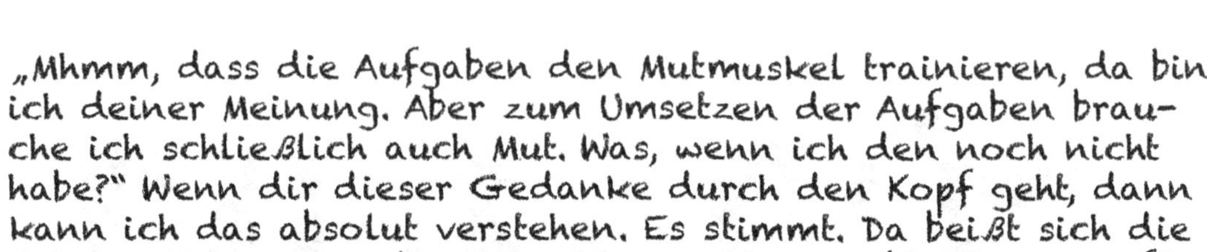

„Mhmm, dass die Aufgaben den Mutmuskel trainieren, da bin ich deiner Meinung. Aber zum Umsetzen der Aufgaben brauche ich schließlich auch Mut. Was, wenn ich den noch nicht habe?" Wenn dir dieser Gedanke durch den Kopf geht, dann kann ich das absolut verstehen. Es stimmt. Da beißt sich die Katze ein wenig in den Schwanz. Doch... es gibt Lösungen für dieses Dilemma.

Für die folgenden Tipps brauchst du keinen Mut, aber sie geben dir welchen. So helfen sie dir über die ersten Aufgaben hinweg.

FANG KLEIN AN

Erstens, wenn dein Mutmuskel noch recht schwächlich ist, dann fang unbedingt mit den Aufgaben an, die nur ein klein wenig Mut erfordern. Diesen bringst du sicher auch jetzt schon auf. Und wenn du die eine oder andere erledigt hast, oder gar schon mit allen durch bist und immer noch nicht mutig genug bist, dich an die größeren heranzuwagen, dann mach eben die kleineren nochmals. Manche davon vielleicht immer wieder.

Einige der Aufgaben kannst du auch quasi stufenlos hochschrauben. Eiskalt duschen zum Beispiel. Da könntest du mit 10 Sekunden beginnen und dich jeden Tag ein paar Sekunden länger dem eisigen Schwall aussetzen.

ERZÄHLE ANDEREN DAVON

Erzähle anderen von diesem Buch und dem Programm, das du machst und was du so konkret vorhast. Wenn du es nämlich jemandem erzählst, dann steigt die Wahrscheinlichkeit, dass du es auch umsetzt. Einen Rückzieher machen ist peinlich, vor allem dann, wenn andere davon wissen. Das wird dir zusätzliche Motivation und Kraft geben, die du für die die Umsetzung der Aufgaben gut gebrauchen kannst.

NUTZE MUTMACHENDE MUSIK

Ich bin überzeugt, es gibt Lieder, die deinen emotionalen Zustand verändern. Manche machen dich traurig, andere fröhlich und wieder andere geben dir Kraft, Energie und Mut. Das könnte Heavy Metal oder auch Mozart sein. Du weißt am besten, welche Musik dir Energie und Mut gibt. Achte darauf, dass du von diesen immer welche zur Hand und dann bei Bedarf im Ohr hast. Speichere sie auf deinem Smartphone, dann hast du sie jederzeit griffbereit. Für den Mutkick höre sie dir an, und zwar laut, wirklich laut... dann wirkt sie besser. Kopfhörer sind da oft recht praktisch, um dein Umfeld nicht zu irritieren.

MUTIGE KÖRPERHALTUNG

Wenn ich dich fragen würde, wie jemand steht und geht, der sehr mutig ist, dann wüsstest du das, oder? Ich bin ganz sicher, dass du das weißt. Das Spannende ist, dass Emotionen und Körperhaltung sich gegenseitig beeinflussen. Wenn jemand mutig ist, dann sieht man ihm oder ihr das an. Er oder sie hat eine andere Körperhaltung und eine andere Art zu gehen als jemand, der mutlos oder schüchtern ist. Doch – und das ist der Trick, den du nutzen kannst – das funktioniert auch umgekehrt. Wenn du so tust, als ob du mutig wärst – also so dastehst, sitzt oder gehst, dann hat das eine Auswirkung auf deine Emotionen und du wirst mutiger. Seltsam? Du kannst dir das nicht vorstellen? Probiere es aus und achte dabei auf dein Gefühl. Du wirst überrascht sein.

MUTMACHENDE KLEIDUNG

Mutmachende Kleidung? Ich weiß, das klingt auch seltsam.
Gleichzeitig bin ich sicher, du hast den Effekt von
Kleidungsstücken schon oft am eigenen Leib erlebt.
Also ich weiß nicht, wie es dir geht, ich fühle mich im neuen,
gutsitzenden Anzug deutlich selbstbewusster als in der
labbrigen Jogginghose. Achte darauf, in welchen
Kleidungsstücken du dich selbstbewusster und mutiger fühlst
und trage diese, wenn du mehr Mut brauchst.

VORBEREITUNG HILFT

Ein Grund, warum wir in manchen Situationen wenig
selbstbewusst sind, ist der, dass wir fürchten dabei zu
versagen. Das kannst du ändern, indem du dich vorbereitest.
Je besser du auf etwas vorbereitet bist, desto weniger Angst
musst du davor haben. Vorbereitung stärkt dein Selbstbewusstsein und gibt dir Mut. Um dich vorzubereiten, brauchst
du aber nur ein wenig Zeit und in den meisten Fällen
keinen Mut.

— ✗ — ✗ — ✗

meine PERSÖNLICHEN MUTMACH-AUFGABEN

ANFANG

ENDE

MUT-PUNKTE DAVOR   MUT-PUNKTE DANACH

meine PERSÖNLICHEN MUTMACH-AUFGABEN 2

ANFANG

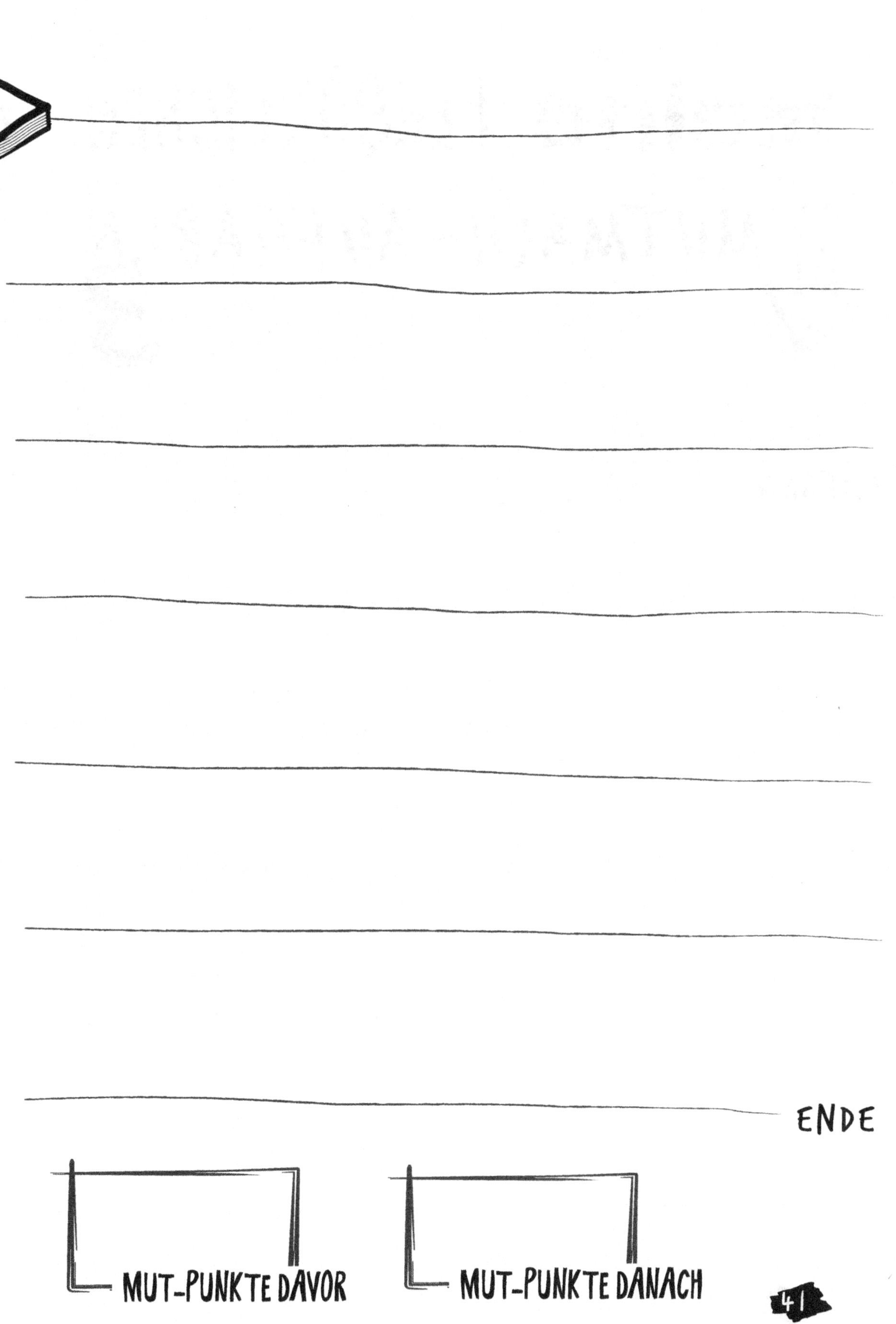

ENDE
MUT-PUNKTE DAVOR
MUT-PUNKTE DANACH

meine PERSÖNLICHEN

MUTMACH-AUFGABEN 3

ANFANG ————————————————————————————————————

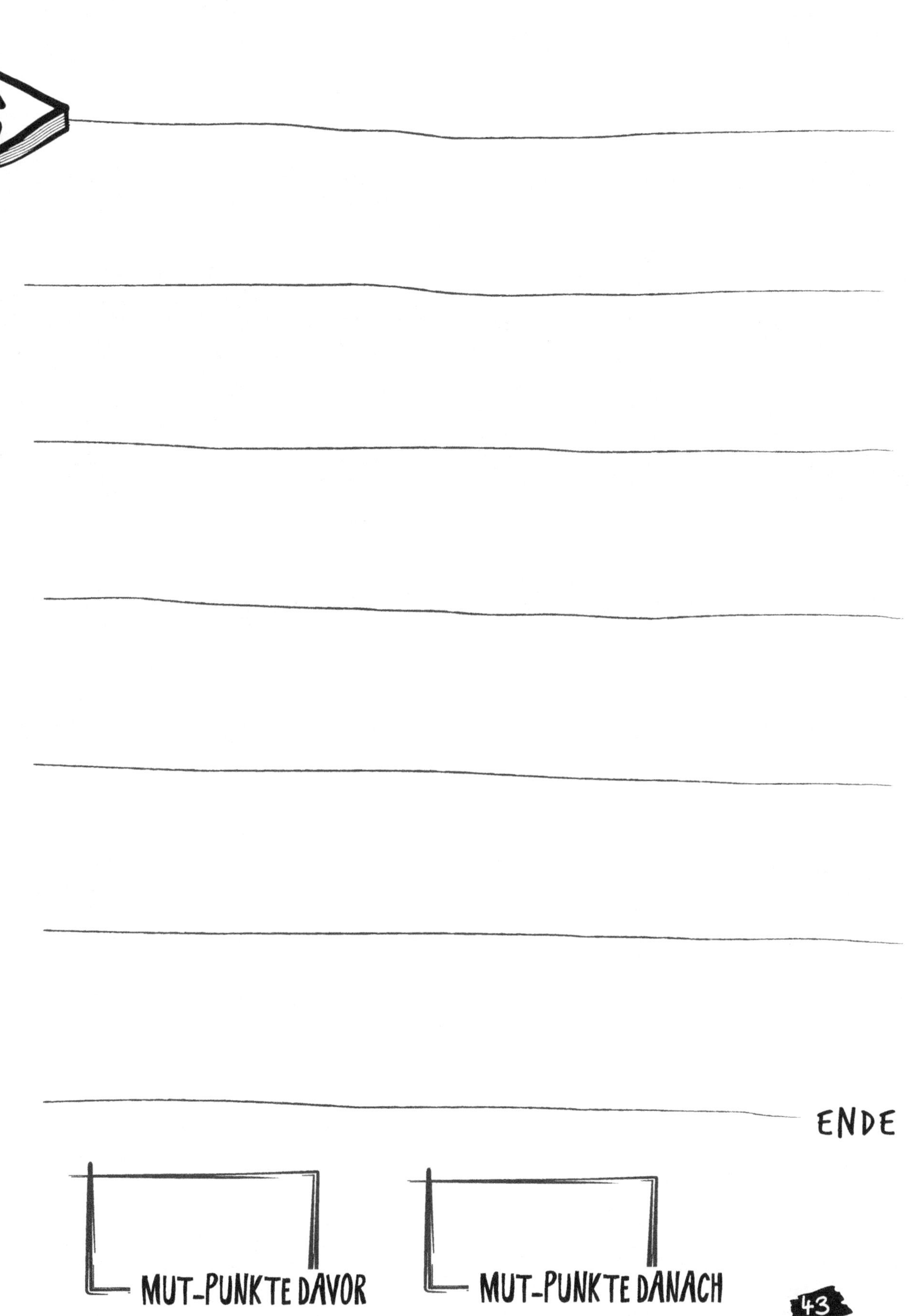

ENDE
MUT-PUNKTE DAVOR
MUT-PUNKTE DANACH
43

Der 1-♥ Bereich

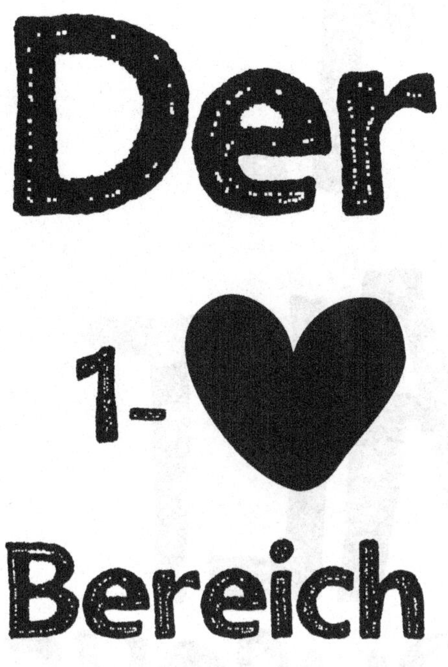

AUFGABEN, FÜR DIE DU EIN WENIG MUT BRAUCHST

Die Aufgaben in diesem Teil sind zum Aufwärmen in Sachen Mut gedacht. Sie sind ein wenig wie das Dehnen und Bewegen deiner Muskeln, das du im Fitnesscenter machst, bevor du schwerere Gewichte stemmst.

Das heißt aber nicht, dass du zuerst alle Aufgaben aus dem 1-Herz Bereich erledigen musst, bevor du dich an die wagst, für die es 2 Herzen braucht. Mache die Aufgaben in deiner individuellen Reihenfolge.

1. KALT DUSCHEN

Eine heiße Dusche ist angenehm.
Aber eine kalte!? **brrr!!**

Stelle dich unter die Dusche und dreh diese so kalt wie möglich auf.

Lass dir das kalte Wasser über den ganzen Körper laufen (nicht schummeln und nur die Füße nass machen). Zähle dabei von 60 herunter.

Das ist eine Übung, die du immer (wieder) machen und die Dauer dabei auch steigern kannst, wenn du duschst.

Gesund soll sie außerdem sein!

brrr!!

PERSÖNLICHE REIHENFOLGE

NOTIZEN ZU KALT DUSCHEN

2.
nein
SAGEN

PERSÖNLICHE REIHENFOLGE

Sagst du manchmal **ja**, obwohl du eigentlich **nein** sagen möchtest?

warum und in welchen Situationen? **tun wir alle!** –

Die Aufgabe lautet:
Sage **nein** bei etwas, nichts Großem, einer Kleinigkeit, wo du normalerweis impulsartig JA sagst...
obwohl du **nein** sagen möchtest.

Vielleicht findest du ja so viel Gefallen daran, dass du das immer wieder machst.

NOTIZEN ZU NEIN SAGEN

3. KLETTERE AUF EINEN baum

Suche dir einen Baum im Garten oder auch im Wald. Einen, der sich relativ leicht besteigen lässt. Und klettere hinauf, bis du denkst „Jetzt reicht es! Das ist hoch genug!" und steig dann noch ein ganz kleines Stück weiter nach oben. Bleib dort für ein paar Minuten und genieße die Aussicht.

PS:
Wenn du keinen passenden Baum
findest, dann tut es eine Leiter auch.

PPS:
Und pass um Gottes Willen auf
und halte dich sehr gut fest!

NOTIZEN ZU KLETTERE AUF EINEN BAUM

4.

TELEFON

ausschalten

Kannst du dir vorstellen, wie es sein
würde, dein Smartphone zu verlieren oder – nicht
ganz so schlimm – keinen Zugriff darauf zu haben?

Wenn dich der Gedanke daran bereits in Angst oder
gar Panik versetzt, dann ist diese Aufgabe genau richtig für dich:
Lasse dein Smartphone ganze 24 Stunden am Stück
ausgeschaltet! Ich weiß, für
viele ist das eine Aufgabe, die sich in der Panikzone
befindet.

Und wenn dir das zu einfach erscheint oder du gar
Gefallen daran findest, dann verlängere den Zeit-
raum nach Belieben.

NOTIZEN ZU TELEFON AUSSCHALTEN

5.

KOMPLIMENTE AN Fremde

Fremde Menschen anzusprechen gehört
für die meisten nicht zum Alltag.
Doch ansprechen wäre nicht genug.

Für diese Mut-Aufgabe steigern wir das
ein wenig: Mache drei fremden Menschen
– auf der Straße oder im Supermarkt zum
Beispiel – ein Kompliment. Das ist nicht
als Annäherungsversuch gedacht.

Wenn du es aber auch gleich zum Flirten
nutzen willst... auch gut.

NOTIZEN KOMPLIMENTE
AN FREMDE

6.

Geheime

WÜNSCHE

AUFSCHREIBEN

HAST DU GEHEIME WÜNSCHE?

Ich bin überzeugt, dass wir alle solche haben! Schreibe sie auf. Alle. Nicht nur das tolle Haus, die Rolex oder den Ferrari, sondern die, die dir peinlich sind.
Die, die du niemandem sagen würdest.

Lies sie dir dann selbst laut vor. Vermutlich wirst du spätestens ab jetzt darauf achten, dass dieses Buch niemand in die Hände bekommt außer dir.

PS:

Wenn du diese Aufgabe deutlich schwieriger machen willst, dann lies deine Wünsche anderen vor!

NOTIZEN ZU GEHEIME WÜNSCHE AUFSCHREIBEN

7.

MIT DER hochschau-bahn FAHREN

PERSÖNLICHE REIHENFOLGE

Verursachen dir Hochschaubahnen oder
sogar schon der Gedanke daran, ein
Kribbeln in der Magengegend?

Lässt die Vorstellung mit einer solchen
zu fahren, deinen Puls schneller schlagen?
Bestens!

Geh auf den nächsten Rummel oder
Vergnügungspark und fahre mit der
spektakulärsten und „gefährlichsten"
Hochschaubahn, die du dort findest.
Etwas anderes, aber vom nötigen
Mut-Level Vergleichbares tut es auch.

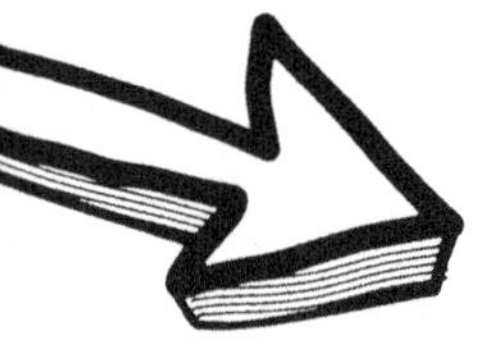

NOTIZEN ZU MIT DER HOCHSCHAUBAHN FAHREN

8.

SELBSTPORTRAIT

zeichnen

kannst du gut zeichnen?
Nicht so toll?

Umso besser, wenn du in dieser Aufgabe daran arbeitest. Zeichne oder male ein Selbstportrait von dir und poste es dann auf deinen Social-Media-Kanälen.

Wenn du dich dort nicht herumtreibst, dann schicke es möglichst vielen deiner Kontakte über Whatsapp, per Mail oder auch per Post mit dem Kommentar: „Schau mal, was ich gezeichnet habe! Na, was sagst du?"

NOTIZEN ZU SELBSTPORTRAIT ZEICHNEN

9.
KONTAKTE
wiederaufnehmen

Manche Menschen verlieren wir aus den Augen.
Und wenn der Kontakt, vielleicht sogar über
Jahre, nicht mehr vorhanden war, dann fällt es
oft schwer, diesen
wieder aufzunehmen.

Da ist eine gewisse Hürde und es braucht ein
wenig Mut, diese zu überwinden. Mache genau
das. Rufe drei Menschen an, die du kanntest
und schon lange aus den Augen verloren hast.

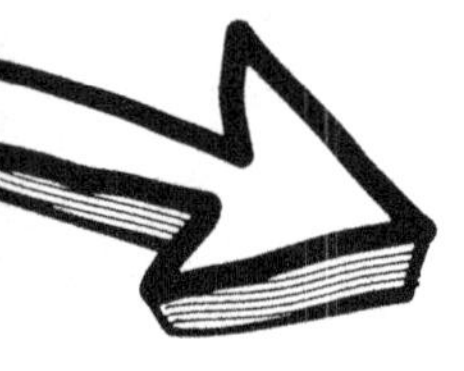

NOTIZEN ZU KONTAKT WIEDERAUFNEHMEN

10.
augen
VERBINDEN

PERSÖNLICHE REIHENFOLGE

Als Kinder haben wir oft blinde Kuh gespielt. Du auch? In dieser Aufgabe machst du etwas ähnliches: Verbinde dir die Augen, und zwar so, dass du wirklich nichts, gar nichts, überhaupt nichts siehst.

Dann verbringe zumindest drei Stunden am Stück mit verbundenen Augen. Mache dabei viele von den Sachen, die du sonst auch machst.

Autofahren und ähnliches würde ich unbedingt ausschließen und auch beim Zwiebelschneiden solltest du aufpassen!

NOTIZEN ZU AUGEN VERBINDEN

11.

EINEM

vip

schreiben

Hattest du schon einmal Kontakt
zu einem **VIP?**

Einem Spitzenpolitiker, Spitzensportler
oder Showstar? Viele meinen ja, VIPs seien
unnahbar und für Normalsterbliche nicht
kontaktierbar. Mache es trotzdem. Suche
dir einen VIP deiner Wahl aus und
schreibe ihm oder ihr einen persönlichen
Brief mit einer Bitte. Wenn dir nichts
anderes einfällt, dann mit der Bitte um
ein Autogramm.

NOTIZEN ZU EINEM VIP SCHREIBEN

MUT-PUNKTE DAVOR

MUT-PUNKTE DANACH

12. Unter STROM SETZEN

PERSÖNLICHE REIHENFOLGE

Eine kleine Aufgabe, die dir ein wenig Nervenkitzel verursachen wird. Kaufe dir eine 9 Volt Batterie (da sind die kantigen, kleinen Quader), lege die Zungenspitze so darauf, dass sie beide Kontakte berührt und zähle bis 10.

achtung! – Wenn du Herzprobleme hast oder gar einen Herzschrittmacher trägst, dann solltest du diese Aufgabe KEINES-FALLS erledigen!

Nimm sie als Streichresultat oder delegiere sie an jemand anderen.

# NOTIZEN ZU UNTER STROM SETZEN

13.

SCHREIEN

Laut schreien, ich meine wirklich laut, aus vollem Hals, so wie es Kinder mit 3 Jahren machen, erfordert für Erwachsene Überwindung. Mache es. Ich würde damit nicht im Supermarkt beginnen (wie Kinder es manchmal tun). Das kannst du, wenn du magst, als Steigerungsstufe dieser Übung verwenden. Suche dir einen Platz, wo du alleine bist – in deinem Zuhause, unterwegs im Auto, mitten im Wald oder auf einem großen Feld – und dann schreie mehrmals aus vollem Hals.

NOTIZEN ZU SCHREIEN

14.

um ETWAS BITTEN

PERSÖNLICHE REIHENFOLGE

Überlege dir, worum du einen
wildfremden Menschen auf der Straße
bitten könntest. Suche dir jemanden aus,
den du nicht kennst, noch nie gesehen hast
– auf der Straße oder im Supermarkt – und
bitte diese Person um das, was du dir
überlegt hast.

Mache das so lange, bis du es bekommst.
Wie viel Mut du dafür brauchst, hängt
natürlich auch davon ab, worum
du bittest.

MUT-PUNKTE DAVOR

MUT-PUNKTE DANACH

15.
ANDEREN Platz WÄHLEN

PERSÖNLICHE REIHENFOLGE

Hast du ab und an Meetings in deinem Job, die
regelmäßig stattfinden? Vermutlich. Manche haben fast
nur Meetings. Bei solchen regelmäßig stattfindenden
Meetings haben üblicherweise alle ihre Stammplätze und
das, obwohl diese meist niemand vorgegeben hat.
Erscheine ein wenig früher zu einem dieser Meetings
und setz dich auf einen Platz, auf dem sonst immer
ein Kollege oder eine Kollegin sitzt. Wenn du sehr
mutig bist (und vielleicht eh nicht mehr an deinem
Job hängst) kann das auch der Platz der Chefin
oder des Chefs sein.

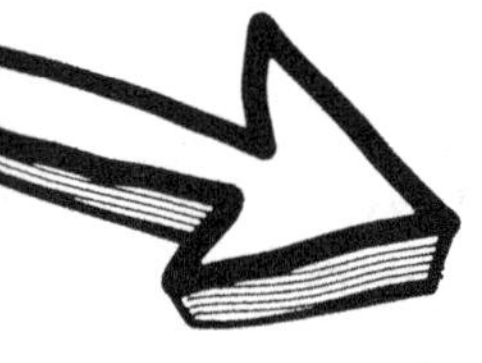

NOTIZEN ZU ANDEREN PLATZ WÄHLEN

16.

sch en ken

PERSÖNLICHE REIHENFOLGE

Ob Schenken Mut erfordert, kommt darauf an, was man schenkt und wer der oder die Beschenkte ist. Suche dir jemandem aus deinem Umfeld aus, dem du normalerweise nichts schenkst oder noch nie etwas geschenkt hast, und schenke dieser Person etwas.

Du könntest auch jemanden wählen, den du nicht kennst. Das erfordert vielleicht sogar weniger Mut, als die Aufgabe mit einer bekannten Person zu erledigen.

NOTIZEN ZU SCHENKEN

17.

IN EINEN

sex shop

GEHEN

Warst du schon einmal in einem
sex-shop? Nein?

Dann wird es aber Zeit, und zwar
allerhöchste.

Deine Aufgabe lautet: Gehe in einen
Sex-Shop und verbringe ein wenig Zeit
dort. Schaue dir all die Sachen, die es
dort gibt, genau an und stöbere nach Lust
und Laune (nach ersterer vor allem).

Du könntest auch etwas kaufen...
wenn du magst.

NOTIZEN ZU IN DEN SEXSHOP GEHEN

18.

NACH

rabatten

fragen

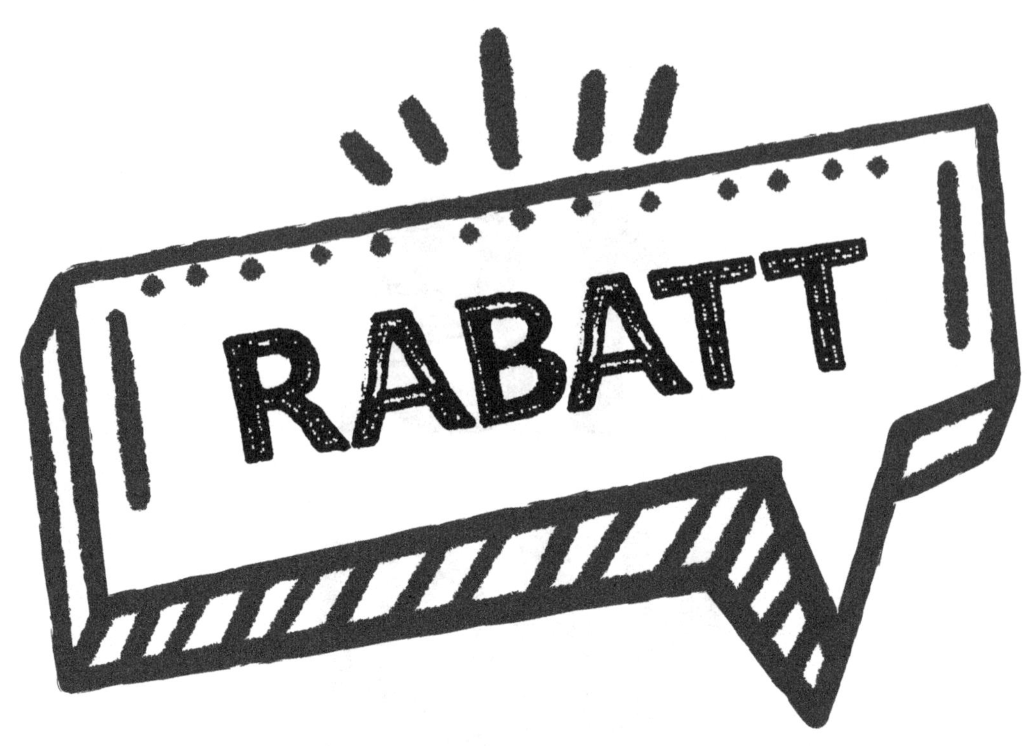

Nach einem Preisnachlass zu fragen bzw. über Preise zu verhandeln braucht neben Verhandlungsgeschick auch als Kunde etwas Mut. Daher ist es für die Zwecke dieses Buches eine sehr gute Übung.

Wenn du etwas kaufst, das etwas mehr kostet, frage nach einem Rabatt und versuche einen billigeren Preis zu erhalten. Wenn du stattdessen eine Zugabe erhältst, ist das auch ok.

Mache das am besten bei Produkten wie Kleidung, Schmuck, Urlauben, Autoreifen oder anderen Produkten, bei denen Preisverhandlungen durchaus verbreitet sind. Die Aufgabe ist erfüllt, wenn es dir gelungen ist, etwas zu bekommen.

NOTIZEN ZU NACH EINEM RABATT FRAGEN

19.
DIE WARHEIT SAGEN

Im Alltag **LÜGEN** wir öfter als wir denken.
Meist geht es um keine großen Dinge.

Vielmehr sind es kleine „Lügen mit guter
Absicht". Wir werden gefragt wie das Essen
schmeckt und sagen „ausgezeichnet",
obwohl es maximal mittelmäßig ist und
derlei mehr.

Deine Aufgabe ist es dreimal bei derlei
Fragen, bei denen du sonst eine „nette
Lüge" von dir gegeben hättest, die
Wahrheit zu sagen.

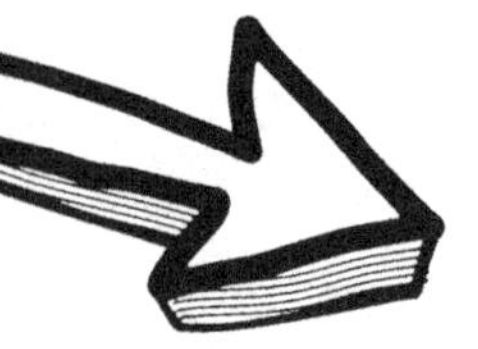

NOTIZEN ZU DIE WAHRHEIT SAGEN

20.

IN DIE augen SCHAUEN

Jemandem in die Augen zu schauen, vor allem dann, wenn du die Person nicht kennst, erfordert Mut. Alle Blickkontakte mit Fremden, die länger dauern als Bruchteile einer Sekunde, sind bereits etwas Außergewöhnliches. Wir fragen uns: Was will der oder die von mir?

Wieso sieht diese Person mich an. Für Kinder ist das übrigens ganz normal. Sie starren Fremde ungeniert an.

Diese Mutübung ist erfüllt, wenn du drei fremde Menschen so lange angeschaut hast, bis sie wegschauen. Wenn sie das nicht tun, kann sich daraus eine interessante Situation entwickeln.
Lass dich überraschen.

PS:
Ich würde dir empfehlen dir dafür Menschen auszusuchen, die KEINEN aggressiven Eindruck auf dich machen.

NOTIZEN ZU IN DIE AUGEN SCHAUEN

AUFGABEN, FÜR DIE DU SCHON ETWAS MEHR MUT BRAUCHST

Wenn du die 1-Herz-Aufgaben, zumindest ein paar davon, erledigt hast, solltest du einigermaßen gut aufgewärmt und vorbereitet für die Aufgaben, die 2 Herzen erfordern, sein.

Die Aufgaben hier erfordern ein wenig mehr Mut, wenngleich dir manche leichter fallen werden als die eine oder andere aus dem 1-♥-Bereich. Wie erwähnt ist die Schwierigkeit der Aufgaben eine sehr individuelle, subjektive Angelegenheit.

21.

EXTREM

KLEIDEN

Suche die extremsten Kleidungsstücke, die du in deinem Schrank findest. Wenn die Blue Jeans mit drei Löchern das extremste ist, was du dort findest, dann kaufe dir etwas deutlich Extremeres oder borge dir etwas aus.

Dabei kann sich das extrem auf Farbe, Schnitt, Art, Stil, Material oder auch die Kombination mehrerer Kleidungsstücke beziehen. Dabei geht es nicht um ein Karnevalskostüm.

Es sollte etwas sein, was von manchen Menschen (deutlich mutigeren oder geschmackloseren als du es bist) durchaus getragen wird, einfach so. Zieh dir diese Kleidung an und erledige damit z.B. deine Einkäufe im Supermarkt.

NOTIZEN ZU EXTREM KLEIDEN

22.

cold

CALLING

PERSÖNLICHE REIHENFOLGE

BIST DU IM VERKAUF TÄTIG?

Dann kennst du das und magst es – wie viele Verkäufer – vielleicht gar nicht: Potenzielle Kunden, die du nicht kennst, anrufen mit dem Ziel, einen Termin zu vereinbaren oder direkt am Telefon etwas zu verkaufen. Mache genau das, und zwar so lange, bis du zumindest einmal erfolgreich bist.

Wenn du nicht im Verkauf tätig bist, rufe fremde Menschen an und tu so, als ob du eine Meinungsumfrage machen würdest...

Solange, bis dir jemand deine Fragen beantwortet.

NOTIZEN ZU COLD CALLING

23. NEIN SAGEN 2

Nein sagen hatten wir ja bereits als Aufgabe im 1-♥-Bereich. Und weil es eine so wichtige Übung für mehr Mut und Selbstbewusstsein ist und obendrein so viele Vorteile hat, wenn du nein sagen kannst, wenn du nein sagen willst, machen wir sie gleich noch einmal.

Sage **nein**, aber diesmal bei etwas
Wichtigerem, etwas, bei dem dir das
NEIN sagen schon recht schwerfällt.
Ein guter Freund oder der Chef bittet dich
um etwas...

Das könnte die richtige Liga für
diese Aufgabe sein. Nachdem du bei
dieser Übung ja davon abhängig bist, dass
es eine Gelegenheit zum NEIN sagen gibt,
musst du sie nicht an einem bestimmten
Tag oder einer bestimmten Woche machen.
Nimm sie dir vor und mache sie dann,
wenn sich die Gelegenheit bietet.

NOTIZEN ZU NEIN SAGEN 2

24. LOKAL BESUCH

Ein **lokal** zu besuchen hat nichts
mit Mut zu tun?

Kommt ganz auf das Lokal an würde
ich sagen. Suche dir ein Lokal aus, in das
du normalerweise nicht gehen würdest,
weil es zu verrucht, zu einschlägig oder
das Publikum dort zu fremdländisch ist
und geh hinein.

Trinke etwas und benutze ggfs. die
Toilette, wenn dir das nicht zu gefährlich
erscheint. Und lebe damit, dass dich
andere Gäste möglicherweise anstarren.

NOTIZEN ZU LOKAL BESUCH

25.

etwas

EKELIGES

TRINKEN

Was würdest du nicht trinken, weil es
einfach ekelig ist? Wenn dir nichts
einfällt:...

Es kann auch eine Mischung sein.

Werde kreativ, wenn nötig. Milch mit
Tabasco und Bier oder auch frische
Kuhmilch... Je nachdem, was dir schon
beim Drandenken leichte Übelkeit
verursacht. Bereite dir ein schönes Glas
davon zu und trinke es... einfach so.

Aber nicht hinunterstürzen, sondern
schluckweises Genießen ist angesagt. Vielleicht sogar mit Strohhalm und Schirm-
chen, wenn du mehr davon
haben willst.

NOTIZEN ZU ETWAS EKLIGES TRINKEN

26.

EINEN

vip ⭐

ANRUFEN

Wolltest du immer schon mal mit einem **VIP** telefonieren?

Einem Popstar, der Sprecherin der Abendnachrichten oder auch einem Minister? Das ist die Gelegenheit dafür. Such dir jemanden aus, mit dem du immer schon mal sprechen wolltest und überlege dir, was genau du ihm oder ihr sagen bzw. was du ihn oder sie fragen wirst. Dann versuche die Telefonnummer herauszufinden und ruf an.

Bei dieser Aufgabe solltest du ein wenig mehr Zeit einplanen, da sie vermutlich detektivische Vorarbeit benötigt. Telefonnummern von VIPs stehen meist nicht so einfach im Telefonbuch.

Doch du wirst überrascht sein.

Manche sind sehr viel leichter zu erreichen als du denkst.

 # NOTIZEN ZU EINEN VIP ANRUFEN

MUT-PUNKTE DAVOR

MUT-PUNKTE DANACH

27. RAUSREISSEN UND ESSEN

Zeichne auf diese Seite dein Lieblingsessen so gut du kannst, sodass es möglichst appetitlich aussieht.

Dann reiße (nicht schneiden) die Seite aus dem Buch, lege sie auf einen Teller und verspeise sie.

Wenn es dir mit Ketchup, Zucker, oder was auch immer zu deinem Lieblingsessen gut passt, noch besser schmeckt, dann kannst du sie gerne so zubereiten.

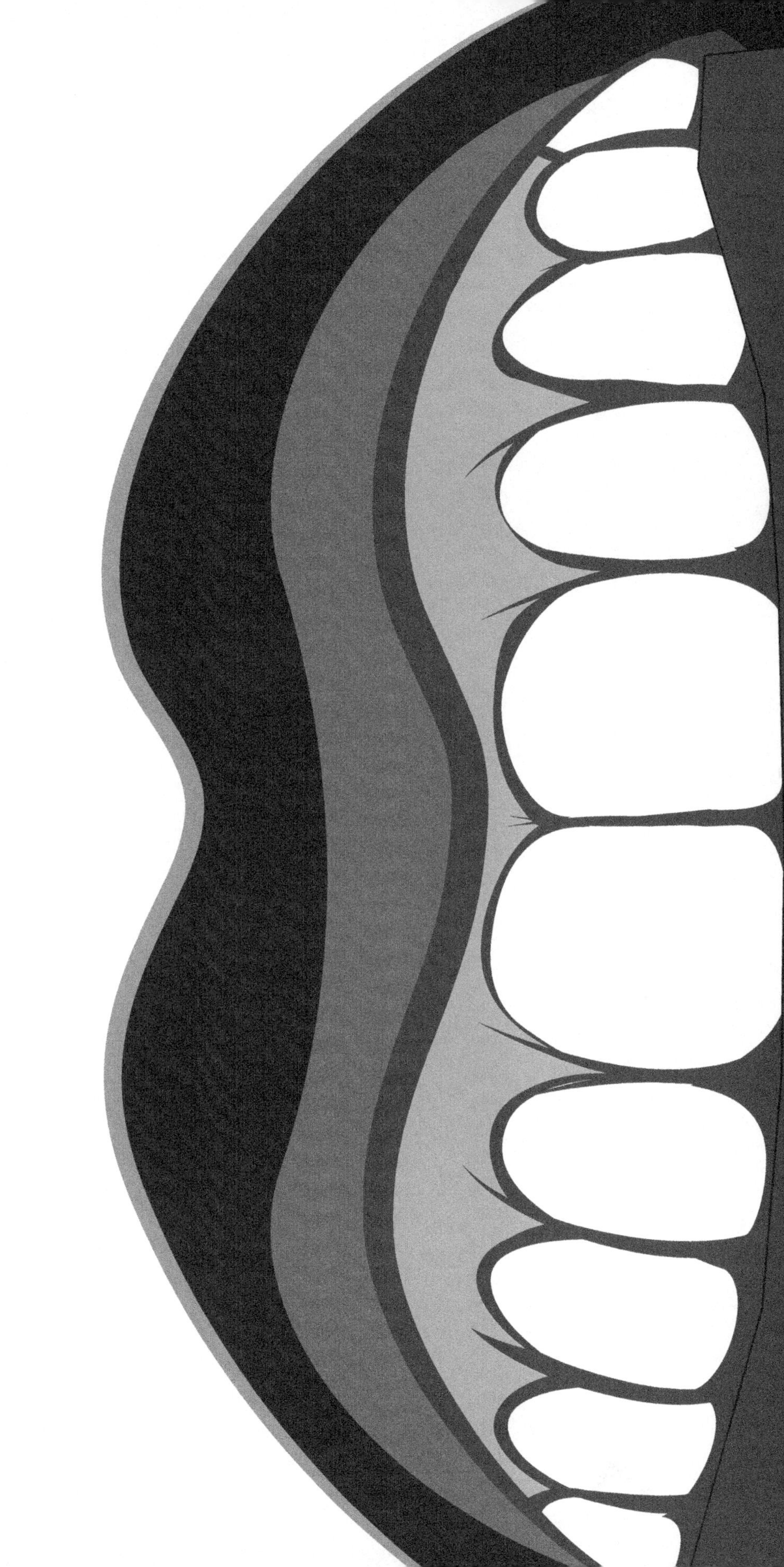

MUT-PUNKTE DAVOR

MUT-PUNKTE DANACH

28.

OVER DRESSEN

PERSÖNLICHE REIHENFOLGE

Manchmal braucht es **MUT**
zur Schönheit.

Ziehe dich einen ganzen Tag und
auch den Abend (falls du nicht
nur vor dem Fernseher abhängst)
richtig gut an – der Dreiteiler,
das Ballkleid etc. – und
verrichte so gekleidet die
Tätigkeiten, die du an einem
normalen Tag eben so
verrichtest.

Ins Büro fahren, Einkaufen
gehen, Kochen, die Wäsche
machen, Freunde treffen.
Achte darauf, dass unbedingt
auch andere Menschen im
Spiel sind.

Je mehr desto besser.

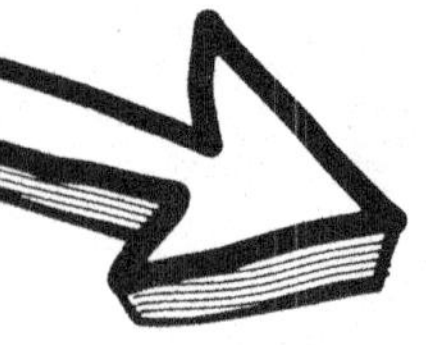

NOTIZEN ZU OVER DRESSEN

29.
underdressen

Diese Aufgabe kannst du gleich nach der vorherigen erledigen... Wenn du dich traust (denn dann verpasst du deinem Umfeld ein gehöriges Wechselbad)... oder losgelöst davon.

Trage einen ganzen Tag und auch den Abend Kleidung, die du sonst nur zuhause oder bei der Gartenarbeit trägst.

Die abgetragene **jogginghose** und dazu ein **t-shirt**, das schon ein kleines Loch hat (aber kein modisches Loch, sondern einfach nur kaputt ist).

Die schmutzige Kleidung von der letzten Runde Gartenarbeit und dazu natürlich die passenden Schuhe...

Badeschlapfen (Badeschlappen) oder auch die, die du sonst nur zuhause trägst.

NOTIZEN ZU UNDER DRESSEN

30.
NACHTS ALLEIN IM wald

Magst du die **dunkelheit**?

Nein?

Dann ist diese Aufgabe perfekt für
dich. Drehe nachts, später ist
besser als zu früh (jedenfalls
muss es schon richtig dunkel sein),
allein eine Runde durch den Wald.

Eine Stunde solltest du dir dafür
mindestens Zeit nehmen. Wenn du
den Schwierigkeitsgrad der Übung
steigern willst, dann sieh dir
vorher „Blairwitch Projekt" oder
einen anderen Gänsehaut-Film an,
der im Wald spielt.

NOTIZEN ZU NACHTS ALLEIN IM WALD

MUT-PUNKTE DAVOR

MUT-PUNKTE DANACH

31.
BÄUME UMARMEN

PERSÖNLICHE REIHENFOLGE

BÄUME
spenden Energie,
heißt es.

Davon solltest du dir etwas holen.
Gehe in den Wald oder, noch besser,
einen öffentlichen Park und suche dir
einen Baum aus, den du richtig toll
findest und dessen Energie du haben
möchtest.

Achte dabei darauf, dass dieser an
einem Platz steht, wo laufend Menschen
vorbeikommen – je mehr desto besser.

Dann umarme den Baum und
lasse die Energie fließen,

10 MINUTEN

oder auch länger, wenn du dich nicht
mehr losreißen kannst.

NOTIZEN ZU BÄUME UMARMEN

32. ♫ SINGEN

PERSÖNLICHE REIHENFOLGE

Viele Erwachsene haben noch ein
Trauma aus der Schulzeit, das sie sich
zugezogen haben, als sie vor der Klasse
alleine vorsingen mussten.

KENNST DU DAS?

Dann ist es an der Zeit, dieses Trauma
jetzt endlich zu überwinden. Singe ein
Lied (ein ganzes, nicht nur zwei Zeilen
des Refrains) vor Publikum. Je größer die
Gruppe ist, desto besser.

143

NOTIZEN ZU SINGEN

MUT-PUNKTE DAVOR

MUT-PUNKTE DANACH

33.
ICH LIEBE DICH

Das ist für viele eine der schwierigsten Aufgaben. Sie ist im Grunde aber einfach und ohne große Vorbereitung umsetzbar. Sage einem Menschen, dass du ihn liebst.

Wenn diese Aufgabe für dich zu einfach ist, weil du das ohnehin täglich machst, dann mache es trotzdem auch weiterhin, aber ordne diese Aufgabe den Streichresultaten zu.

MUT-PUNKTE DAVOR

MUT-PUNKTE DANACH

34.

tattoo

ODER

piercing

PERSÖNLICHE REIHENFOLGE

tattoos und **piercings**, die (manchmal) menschliche Körper schöner machen, haben in den letzten Jahren extrem zugenommen.

Du hast noch keines?
Vielleicht war es ja ohnehin immer schon einer deiner geheimen Wünsche.

Dann kannst du ihn jetzt endlich in die Tat umsetzen. Lass dich tätowieren oder piercen. Und zeige deine neue Körper-kunst deinen Freunden und deiner Familie, damit sie auch etwas davon haben.

Wenn dein Körper bereits auf diese Art und Weise verziert ist, ist diese Aufgabe ein Streichresultat oder auch eine - und das wäre besonders spannend - die du an jemanden delegierst.

NOTIZEN ZU TATTOO ODER PIERCING

35.
GEHEIMEN
wunsch
UMSETZEN

PERSÖNLICHE REIHENFOLGE

Bei Übung Nummer 6 solltest
du ja deine geheimen Wünsche aufschreiben.
(Wenn du diese noch nicht gemacht hast,
dann mache sie vor dieser Übung hier.)

Suche dir einen davon aus – einen,
der eine angemessene Portion Mut
erfordert (zumindest 5 auf unserer
10-teiligen Skala) und verwirkliche ihn.
Und wenn du Gefallen daran findest,
kannst du die anderen
natürlich auch umsetzen

NOTIZEN ZU GEHEIMEN WUNSCH UMSETZEN

36. PAMPER POLE

Wenn du bis jetzt noch nicht
wusstest, was ein Pamper Pole
ist, dann geht es dir wie den
meisten anderen Menschen
auch.

Aber keine Angst, du wirst es
bald wissen und vermutlich
auch nicht mehr vergessen.

Suche dir einen Hochseilgarten
in deiner Nähe und klettere
dort auf den Pamper Pole.

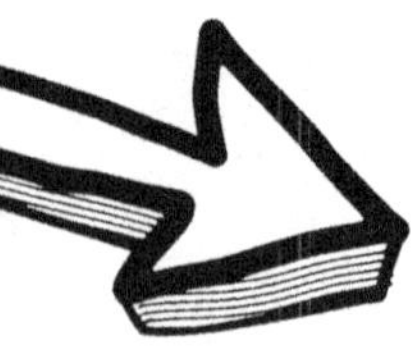

NOTIZEN ZU PAMPER'S POLE

37.

VERÄNDERE

DAS AUSSEHEN

deines Kopfes

Meist sind wir wie wir sind und
bleiben auch so.

Große **VERÄNDERUNGEN** gibt es selten.
Dazu bräuchte es ja Ideen und auch
Mut. Veränderungen beginnen immer
im Kopf und manchmal, wie in dieser
Übung, auch am Kopf.

Geh zu dem Friseur deines Vertrauens
und lass dich beraten. Längere oder
kürzere Haare? Oder vielleicht ganz
weg?

Bart weg oder wachsen lassen (was
für Frauen nicht nur sehr viel Mut
erfordern würde)?

Ein Brille (etwas Besonderes
natürlich) oder auch eine andere,
wenn du schon eine trägst.

Behalte dieses Aussehen bei, zumindest
so lange, bis ohnehin wieder ein
Friseurbesuch nötig wird.

NOTIZEN ZU VERÄNDERE DAS AUSSEHEN DEINES KOPFES

38.

nachts

SCHWIMMEN

GEHEN

Viele haben ein mulmiges Gefühl,
wenn sie wissen, dass das Wasser unter
ihnen tiefer und dunkler wird. Noch
dunkler ist es in der Nacht, was meist
das mulmige Gefühl steigert.

Diesen tollen Effekt wirst du im
Rahmen dieser Aufgabe nutzen.
Geh Schwimmen, nachts, im Meer
oder einem See deiner Wahl.
Die Badewanne oder der Whirlpool
zählen nicht. Und – wichtig – es muss
dort auch richtig dunkel sein. Keine
künstliche Beleuchtung, nur der Mond
und die Sterne (ist ja auch viel ro-
mantischer). Das Wasser muss zumindest so tief sein, dass du nicht mehr
darin stehen kannst. Richtig tief wäre
noch besser.

Bleib zumindest 5 Minuten im Wasser
und plantsche ausgiebig darin.

NOTIZEN ZU NACHTS SCHWIMMEN GEHEN

39.

FRAGEN AN DEN PARTNER

Auffallend viele Beziehungen gehen auseinander.
Das hat vermutlich viele Gründe.

Einer davon mag sein, dass an der Beziehung
irgendwann nicht mehr gearbeitet wird. Mit
dieser Aufgabe machst du nicht nur etwas für
deinen Mutmuskel, sondern auch für
deine Partnerschaft.

Frage deine Partnerin oder deinen Partner
nach mindestens drei Dingen, die du tun kannst,
um die Beziehung zu verbessern. Darauf zu
antworten ist ebenso
Mutmuskeltraining für den anderen.

NOTIZEN ZU FRAGEN AN DEN PARTNER

40.

ETWAS ekeliges ESSEN

PERSÖNLICHE REIHENFOLGE

Du magst sicher nicht alles, was Essen
angeht, vermute ich. Was magst du
denn am allerwenigsten?

Es könnte etwas sein, was sich durchaus
in der normalen Küche findet, etwas, das
für andere vielleicht sogar lecker, für dich
aber ekelhaft ist.

Oder aber du verlässt diesen Bereich und
wendest dich Speisen wie Katzen- oder
Hundefutter zu (die Gourmet-Version
natürlich). Das ist natürlich eine Aufgabe,
die man im Urlaub bei fremden Kulturen
sehr gut umsetzen kann.

In Asien zum Beispiel habe ich schon
allerlei Essbares in Garküchen oder
Restaurants gesehen, das ich nicht
freiwillig bestellen würde.

NOTIZEN ZU ETWAS EKLIGES ESSEN

41.
kalte
BADEWANNE
brrr!!

Lass die Badewanne volllaufen und zwar so kalt wie möglich. Besser wäre es, wenn du noch einen Sack Eiswürfel organisierst und diesen auch noch hineinleerst.

Dann setze dich hinein und bleibe drin. Mindestens 1 Minute, besser 2 oder solange du es eben aushältst. Starte mit einer kürzeren Zeit und steigere dich dann Schritt für Schritt. Um dir die Übung ein wenig leichter zu machen, kannst du gerne romantisches Kerzenlicht anzünden oder deine Lieblingsbadeente mitnehmen.

Eine Alternative dazu wäre übrigens auch, dich nackt im tiefen Schnee zu wälzen (wenn du ausreichend davon hast) und darin ein paar kuschelige Minuten zu verbringen.

achtung! – Lass dich bei dieser Übung unbedingt von einer zweiten Person deines Vertrauens „überwachen" – sicher ist sicher. Und solltest du gesundheitliche Bedenken haben, dann sprich unbedingt mit dem Arzt deines Vertrauens, bevor du dich in die Wanne setzt.

NOTIZEN ZU KALTE BADEWANNE

42.

MEHR geld VERLANGEN

Eine Aufgabe, von der du in mehrerlei Hinsicht profitierst, ist, den Chef, die Chefin oder deine bestehenden Kunden (wenn du selbstständig bist) nach mehr Geld zu fragen.

Für die Angestellten meine ich damit eine Gehaltserhöhung, die unabhängig von den üblicherweise jährlichen Anpassungen ist. So ein Vorhaben gehört natürlich gut vorbereitet und geplant.

Und wenn es gelingt, dann hast du nicht nur deinen Mutmuskel trainiert, sondern auch dein Einkommen erhöht.

PS:

Für die Selbstständigen unter Euch habe ich zum Thema „Preiserhöhungen" das

Buch „wir sind dann mal teurer"

geschrieben > https://amzn.to/3LCHaKJ

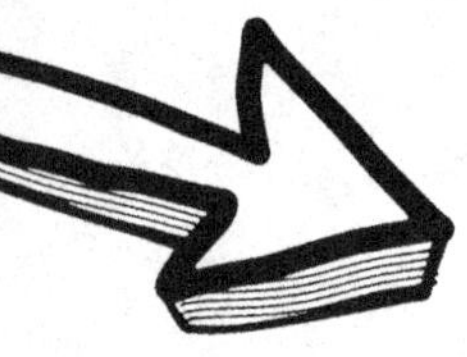

NOTIZEN ZU MEHR GELD VERLANGEN

43.

SEX MAL ANDERS

Wenn du in einer festen Beziehung bist, dann könnte es sein, dass **sex** zur Routine geworden ist und immer ähnlich bis gleich abläuft.

Deine Aufgabe ist es, das zu ändern und den **sex** einmal zumindest anders, oder am besten ganz anders zu machen. Aus dieser Routine auszubrechen braucht unter anderem auch Mut.

Ändere den Ort, die Zeit, das Outfit, nutze Sexspiezeug – die Grenzen liegen ganz bei deiner Fantasie oder der deines Partners oder deiner Partnerin. Wenn du keine feste Beziehung hast, dann kannst du diese Übung trotzdem genauso machen.

Und wenn du in einer festen Beziehung bist und keinen **sex** (mehr) hast?

Dann lautet die Aufgabe, wieder **sex** zu haben.

NOTIZEN ZU SEX MAL ANDERS

44.
STROM SCHLÄGE

Du kennst elektrische Weidezäune – vermute ich –
mit denen das Vieh davon abgehalten wird
auszubüchsen.

Hast du schon einmal einen angefasst... und sei es
auch unabsichtlich? Dann kennst du das Gefühl,
wenn der **STROM** durch den Draht fährt und dir
auf die Finger „klopft" (so empfinde ich es
zumindest). Genau das ist deine Aufgabe. Suche
dir einen Weidezaun (zum Beispiel, bei deinem
nächsten Wanderurlaub), greife ihn und lasse ihn
erst nach drei Schlägen wieder los.

Und wenn dir das zu wenig ist, um deinen
Mutmuskel zu trainieren, dann lass deine Hand
länger am Draht.

PS:
Solltest du **GESUNDHEITLICHE PROBLEME** haben,
bei denen diese Mutaufgabe eine ganz
SCHLECHTE IDEE ist (vor allem bei Herzproblemen
und Herzschrittmachern), dann mache sie nicht...
egal, was ich hier schreibe.

Wenn du dir unsicher bist, frage deinen Arzt.

NOTIZEN ZU STROMSCHLÄGE

45.
UNGEWÖHNLICHE fragen STELLEN

PERSÖNLICHE REIHENFOLGE

Wir stellen zwar häufig Fragen, doch meist nur an Menschen, die wir kennen und immer wieder dieselben. Was aber ist, wenn du ungewöhnliche Fragen an fremde Menschen stellst? Das erfordert Mut? Deine Aufgabe hier lautet: Suche dir 3 der folgenden Fragen aus und stelle sie so lange fremden Menschen, bis du von 10 davon zumindest eine Antwort erhältst.

Du kannst das z.B. auf der Straße tun oder auch im Rahmen einer „telefonischen Umfrage".

- Was haben Sie getan, das Sie heute noch bereuen?
- Haben Sie schon einmal eine Straftat begangen, von der niemand erfahren hat?
- Wenn Sie eine Sache in Ihrem Leben ändern könnten, welche wäre das?
- Mit wem würden Sie gerne eine Nacht verbringen?
- Womit könnte man Sie zum Weinen bringen?
- Du kannst hier auch noch eigene Fragen aufschreiben, die zu stellen ähnlich viel Mut erfordert:

NOTIZEN ZU UNGEWÖHNLICHE FRAGEN STELLEN

46.

VOM DREI METER BRETT SPRINGEN

PERSÖNLICHE REIHENFOLGE

Kannst du schwimmen? Wenn nicht, dann solltest du es schnell lernen, um die folgende Aufgabe zu bewältigen.

Springe vom Drei-Meter-Brett in ein Schwimmbecken. Solltest du das ohnehin schon öfter gemacht haben bzw. mutig genug sein, dann mache es Kopfüber oder mit einem Salto.

NOTIZEN ZU VOM DREI METER BRETT SPRINGEN

47.

einen VORTRAG

HALTEN

Viele Menschen haben Angst davor,
vor Menschen zu sprechen.

Daher ist diese Übung perfekt, um den
Mutmuskel zu trainieren:

Halte einen Vortrag vor einer Gruppe von
Menschen. 10 sollten es mindestens sein und dein
Vortrag sollte zumindest 15 MINUTEN dauern.
Wenn die Gruppe größer ist, brauchst du
natürlich mehr Mut.

NOTIZEN ZU EINEN VORTRAG HALTEN

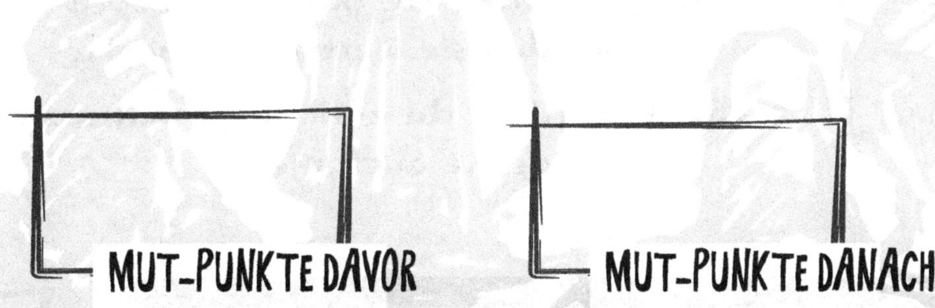

48.

DIESE seite

Ich weiß, man macht so etwas mit Büchern nicht...

Mit diesem Buch schon:
Reiß diese Seite heraus und verkaufe sie an jemanden,
den du nicht kennst.

Wenn du deine Chancen, sie zu verkaufen bzw. auch den
Verkaufserlös steigern willst, dann zeichne oder male
etwas drauf, signiere sie oder mach sonst etwas
mit ihr, das sie wertvoller macht.

Und ja, **5 euro** solltest du zumindest dafür bekommen...
gerne auch mehr.

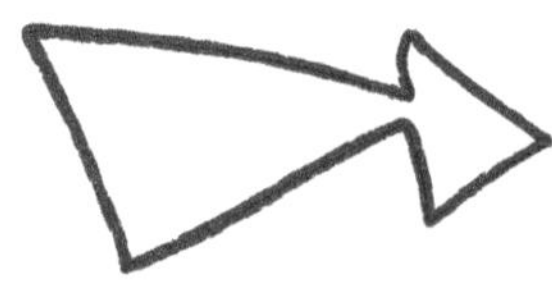

NOTIZEN ZU DIESE SEITE VERKAUFEN

49.

LASS dich FALLEN

Für diese Aufgabe brauchst du einen –
kräftigen – Partner. Stell dich aufrecht und
gerade hin und schließe die Augen.

Dein Partner stellt sich hinter dich. Er hält
dabei so viel Abstand zu dir, dass du genug
Platz hast, um dich fallen zu lassen. Dann lässt
du dich rückwärts fallen. Dein Körper bleibt
dabei – sehr wichtig – ganz gestreckt.

Dein Partner fängt dich auf – nicht schon nach
20 cm Fallstrecke, aber in jedem Fall, bevor du
auf dem Boden aufschlagen würdest. Wiederhole
diese Übung so oft, bis sie keinen sonderlichen
Mut mehr von dir erfordert.

Und wenn sie dir Spaß macht, dann mache sie
gerne auch noch öfter.

NOTIZEN ZU LASS DICH FALLEN

50.

DRÄNG DICH VOR

PERSÖNLICHE REIHENFOLGE

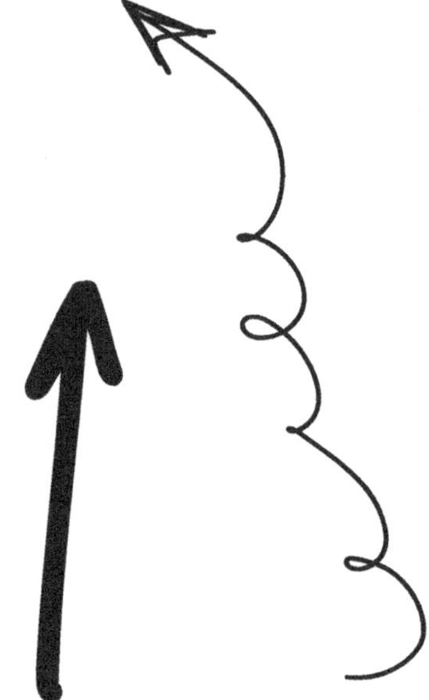

Wir warten immer wieder in
einer Schlange – im Supermarkt, vor dem
Geldausgabeautomaten, beim Bus, am
Postschalter oder vor dem Lift. Suche dir
eine Schlange davon aus (5 Menschen
sollten es zumindest sein) und dränge
dich vor.

Du kannst das auf die nette Art versu-
chen (mit einer Ausrede vielleicht) oder
auch – wenn du sehr mutig bist – auf die
„brutale", ohne zu
erklären, warum du dich vordrängst.

Egal wie, Hauptsache du erreichst dein
Ziel.

NOTIZEN ZU DRÄNG DICH VOR

51.
MUSIZIEREN IN DER ÖFFENTLICHKEIT

Bist **du** musikalisch?

Wenn nicht, umso besser. Löse dir beim zuständigen Amt eine Genehmigung zum Musizieren in der Fußgängerzone der nächsten größeren Stadt.

Suche dir dafür einen Platz, einen Tag und eine Uhrzeit aus, wo richtig viel los ist. Nimm dir entweder ein Instrument dazu, das du tatsächlich spielen kannst, oder eines, dem du zumindest Töne entlocken kannst und zu dem du idealerweise auch singen kannst.

Eine Gitarre wäre zum Beispiel ideal, denn auf der kannst du spielen und gleichzeitig dazu singen. Aber auch ein Blasinstrument, das du nicht beherrschst, eignet sich für diese Übung sehr gut. Unterhalte das Publikum mit deiner Kunst und vergiss nicht, zwischendurch Geld einzusammeln. Die Aufgabe ist vollbracht, wenn du zumindest 1 Stunde Musik gemacht hast oder 30 € dafür eingesammelt hast.

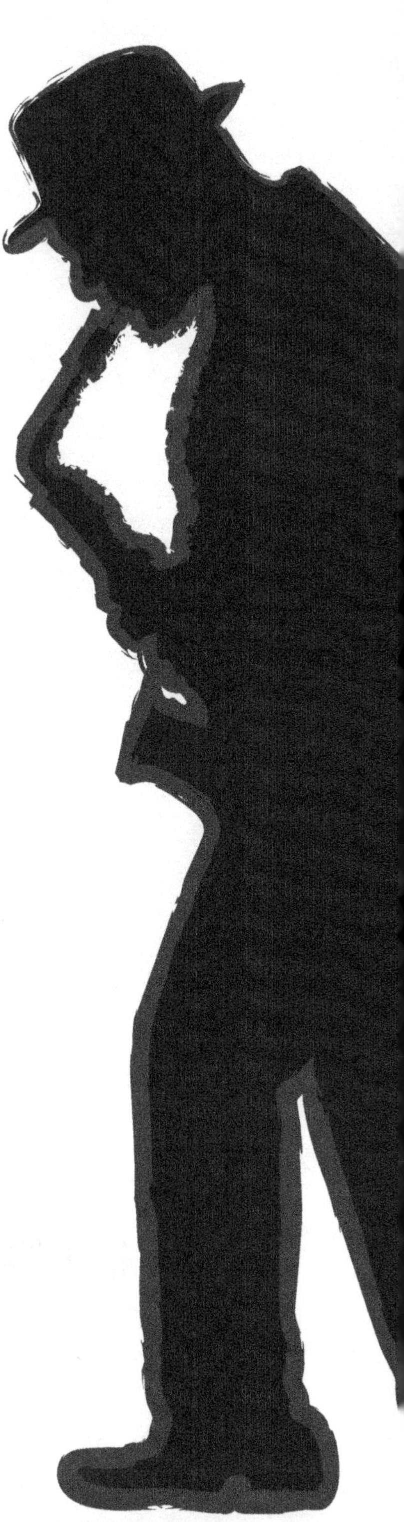

NOTIZEN ZU MUSIZIERE IN DER ÖFFENTLICHKEIT

52.

FLIRTEN

Diese Aufgabe ist eher etwas für Singles ... oder Menschen, die es wieder werden wollen ;-).

Suche dir an einem öffentlichen Platz (Fußgängerzone, Supermarkt, Bar etc.) ein attraktives Exemplar deines (sexuell gesehen) bevorzugten Geschlechtes aus und sprich ihn oder sie an.

Lade ihn bzw. sie auf ein Getränk ein und sage ihm oder ihr (das Gendern ist in diesem Fall sehr umständlich, wie ich feststelle), dass er/sie gut aussieht.

Den Rest, was immer sich daraus entwickelt, überlasse ich ganz dir.

NOTIZEN ZU FLIRTEN

53.

NACH rabatten fragen

PERSÖNLICHE REIHENFOLGE

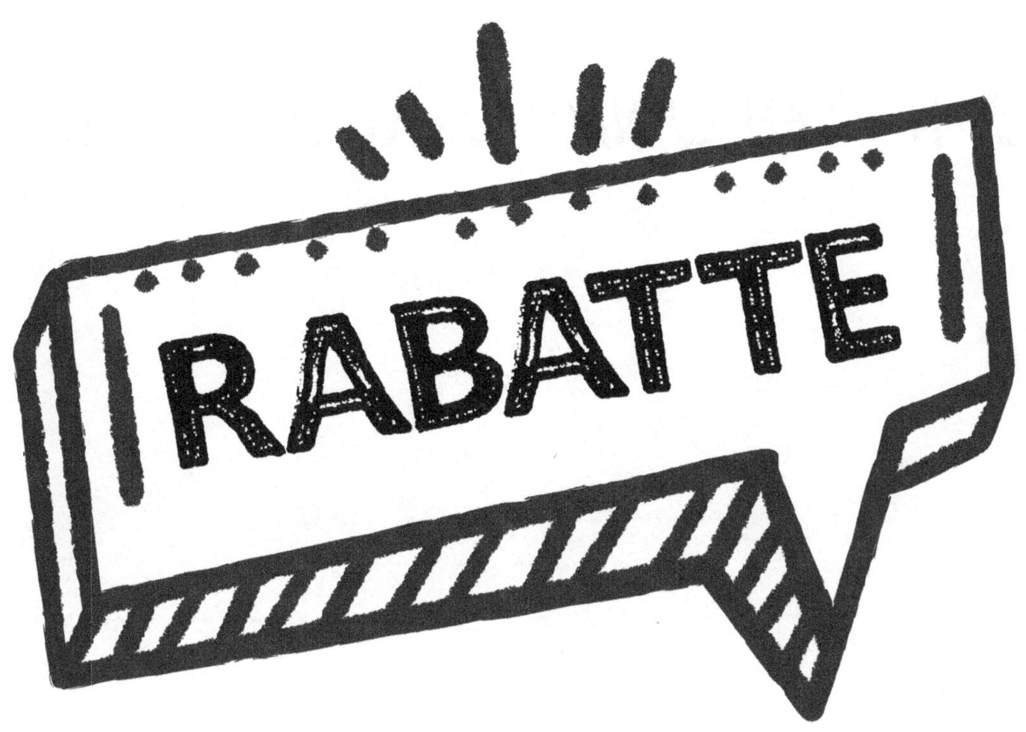

Nach einem Rabatt hast du ja – vermutlich schon – bei der einen Aufgabe in der ersten, einfachen Kategorie gefragt.

Nun wird es etwas herausfordernder.

Es geht bei dieser Aufgabe zwar wieder darum, nach einem Nachlass zu fragen bzw. etwas zu verhandeln (eine Zugabe oder ein Upgrade in irgendeiner Form zum Beispiel), diesmal aber bei einem Produkt oder einer Leistung, wo das nicht so üblich ist.

Das könnte zum Beispiel sein: Ein öffentliches Seminar, im Restaurant oder Café, im Supermarkt oder Baumarkt... oder auch bei der Polizei, die dir ein Strafmandat verpassen will. Die Aufgabe ist erfüllt, wenn es dir gelungen ist, etwas zu bekommen.

NOTIZEN ZU NACH RABATTEN FRAGEN

MUT-PUNKTE DAVOR

MUT-PUNKTE DANACH

DER

3-

BEREICH

AUFGABEN, FÜR DIE DU ZIEMLICH VIEL MUT BRAUCHST

Vermutlich werden die folgenden Aufgaben nicht die ersten sein, an die du dich heranwagst. Sie erfordern (sehr viel) mehr Mut als die bisherigen – für die meisten Menschen zumindest.

Ein paar davon werden dir vielleicht verrückt vorkommen, einige vielleicht sogar gefährlich (was nicht bedeutet, dass sie es auch sind) – und das ist gut so. Es geht ja auch darum, den Mutmuskel zu fordern und zu stärken. Was ich dir aber versprechen kann: Du wirst dabei Erlebnisse haben, die du nie wieder vergisst.

54.

BERATUNG im sex shop

Hast du die Aufgabe im ersten Teil bereits erledigt, in der du einen Sexshop betreten und dort stöbern solltest?

Jetzt gehst du einen Schritt weiter und suchst dir ein Themengebiet deiner Wahl oder ein Produkt aus und lässt dich in deinem Lieblings-sexshop diesbezüglich ausführlich beraten. Stelle Fragen, solange, bis du dich sehr gut informiert fühlst und kaufe dann etwas.

Was du danach damit machst, ist ganz deine Entscheidung. Vielleicht kannst du es ja bei einer der anderen Aufgaben gut brauchen.

PS:
Natürlich bietet es sich an, diese Aufgabe zu zweit zu erledigen.

NOTIZEN ZU BERATUNG IM SEXSHOP

55.

jemand ANDERES SEIN

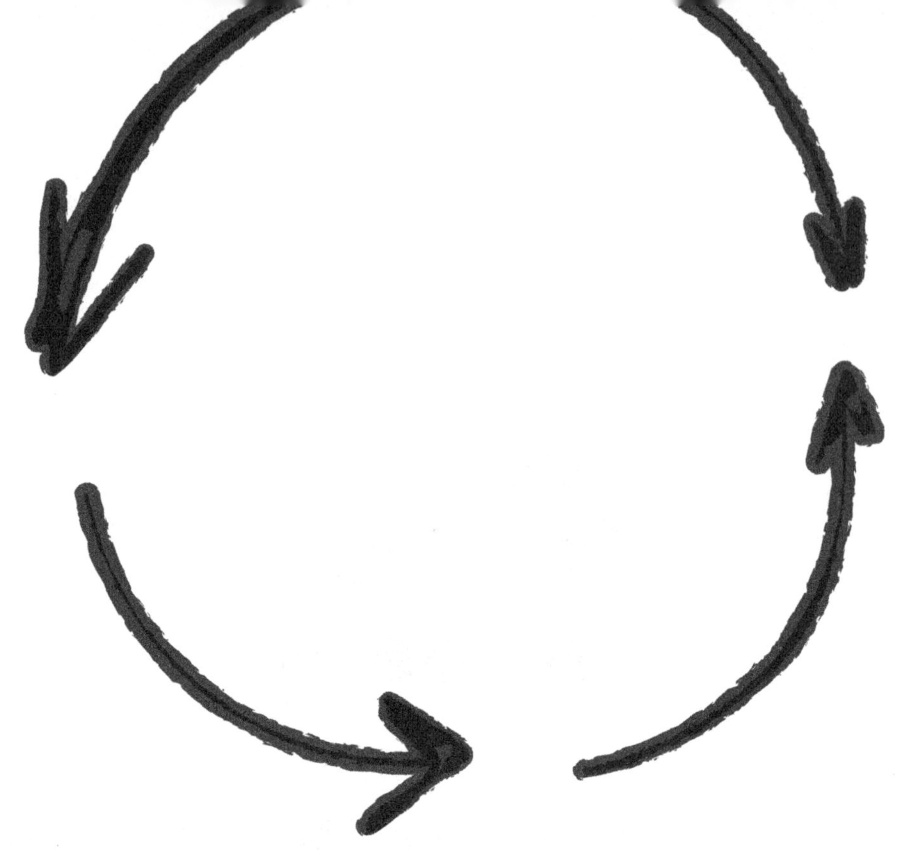

Wollen wir nicht alle mal jemand anders sein?

Bei dieser Aufgabe hast du jetzt die Gelegenheit genau das zu tun: Suche dir eine Identität deiner Wahl aus und sei einen ganzen Tag lang – vom Wachwerden bis zum Einschlafen – diese Person.

Kleide dich so wie sie, sprich so, verhalte dich so, wie sich diese Person verhalten würde und denke so, wie du meinst, dass diese Person es tut. Diese Aufgabe braucht ein wenig Vorbereitung und könnte interessante Wirkungen zeigen.

Wähle also weise, wer du sein möchtest.

NOTIZEN ZU JEMAND ANDERS SEIN

56.

KÜNDIGE DEINEN job

 216

PERSÖNLICHE REIHENFOLGE

Viele überlegen schon lange, ihren Job zu kündigen und endlich etwas Anderes, Interessanteres, besser Bezahltes oder aber sogar den Schritt in die Selbstständigkeit zu machen.

DU AUCH?

Dann lautet deine Aufgabe:

MACHE ES ENDLICH!

Solltest du bereits selbstständig sein, dann kannst auch du diese Aufgabe umsetzen, indem du ein ganz anderes Business beginnst und das alte hinter dir lässt. Ein neues Projekt nebenbei wäre zu wenig. Es geht um eine grundlegende Veränderung.

Eine gültige Variante dieser Aufgabe für Selbstständige wäre auch noch, einen Kunden, mit dem du – aus persönlichen oder wirtschaftlichen Gründen – nicht mehr zusammenarbeiten magst, aktiv zu kündigen und ihm mitzuteilen, dass du nicht mehr als Lieferant oder Dienstleister zur Verfügung stehst.

NOTIZEN ZU KÜNDIGE DEINEN JOB

57.

in MÜLLTONNEN WÜHLEN

Es ist unglaublich, was weggeworfen wird.
Da sind oft noch sehr brauchbare
Dinge dabei.

Deine Aufgabe ist es, solche zu finden.
Suche dir Mülltonnen (fremde oder öffentli-
che – deine eigenen zählen natürlich nicht),
von denen du meinst, dass es darin Schätze
zu entdecken gibt und wühle so lange darin,
bis du etwas gefunden hast, das jemand
anderes, dem du deinen Schatz dann
schenkst, brauchen kann.

MUT-PUNKTE DAVOR

MUT-PUNKTE DANACH

58.
bungee-jumping

bungee-jumpen

ist quasi zur Volksmutprobe Nr. 1
geworden, daher darf es in diesem Buch hier
natürlich nicht fehlen.

Deine Aufgabe lautet:
Mache einen Bungee-Sprung.
Alternativ kannst du stattdessen auch
einen Tandem-Fallschirmsprung machen
oder mit einem Rennfahrer auf einer
Teststrecke als Beifahrer mitfahren.

NOTIZEN ZU BUNGEE JUMPING

59.
BETTELN

Du hast andere Menschen schon oft um etwas gebeten. Bei dieser Aufgabe geht es um genau das... nur in verschärfter Form.

Suche dir ein nettes Plätzchen, setze oder stelle dich dann dorthin und bitte Passanten um Geld. Das kannst du entweder aktiv tun oder indem du Behälter aufstellst und diese entsprechend beschriftest.

Du hast diese Aufgabe erfüllt, sobald du zumindest 10 € erbettelt hast. Informiere dich vorher aber bei der örtlichen Polizei, welche Art von Betteln erlaubt ist. Und das Geld, das du erbettelt hast? Das gib danach einem Bettler, der es wirklich nötig hat.

NOTIZEN ZU BETTELN

60.
NACKT FOTOS

PERSÖNLICHE REIHENFOLGE

Hast du schon Nacktfotos von dir?
Dann solltest du dich aber ranmachen.

Die Chancen, dass sie schön werden,
verschlechtern sich erfahrungsgemäß
im Laufe der Jahre.
Suche dir einen Fotografen, der solche
Fotosessions anbietet und lass dich
professionell nackt fotografieren.

Was du mit diesen dann machst, ob du
sie aufhängst, anderen zeigst, jemandem
schenkst oder als dein kleines Geheimnis
für dich behältst, bleibt ganz dir überlassen.

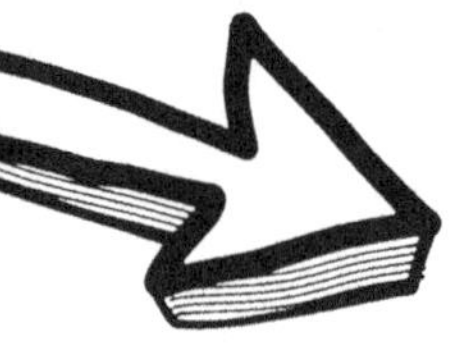

NOTIZEN ZU NACKT FOTOS

61.
SPRUNG
VOM 10 meter
BRETT

PERSÖNLICHE REIHENFOLGE

Du bist sicher schon oft ins Wasser gesprungen oder hast die Aufwärm-übung für diese Aufgabe weiter vorne im Buch (der Sprung vom Drei-Meter-Brett) bereits erfolgreich erledigt.

Für diese Aufgabe wirst du wieder springen. Diesmal allerdings vom Zehn-Meter-Brett bzw. Sprungturm. Wenn es dein Erstsprung ist, dann solltest einfach nur ganz gerade mit den Beinen voraus springen.

Wenn du gerade schon öfter gesprungen bist, sollte es schon eine anspruchsvollere Variante sein, damit diese Aufgabe für dich als erfüllt abgehakt werden kann.

Ob kopfüber oder mit Salto, ist ganz deine Entscheidung.

NOTIZEN ZU SPRUNG VOM 10 METER BRETT

62.

ekelige TIERE ANFASSEN

Gewisse Tiere streichelst du
vermutlich gerne, andere weniger.
Doch auch diese haben ein wenig
Zuneigung und ein paar
Streicheleinheiten verdient, die sie
in dieser Aufgabe von dir
bekommen werden.

Suche dir ein Tier, vor dem dich
ekelt (kein giftiges oder ernsthaft
gefährliches) – bei vielen Menschen
sind das Schlangen, Kröten, Insekten
aller Art, Spinnen ganz besonders.

Fasse dieses Tier an, streichle es
oder lass es über deine Haut kriechen
– je nachdem, welche Art von
Tier es ist.

NOTIZEN ZU EKLIGE TIERE ANFASSEN

63.

EINE glatze SCHNEIDEN LASSEN

PERSÖNLICHE REIHENFOLGE

die glatze.

Viele Männer tragen sie ohnehin, gezwungenermaßen. Diese Aufgabe ist daher nur dann etwas für dich, wenn du noch relativ viele Haare hast, die du üblicherweise auch länger trägst. Diese müssen weg, ganz ab, um diese Aufgabe zu erledigen. Und wenn du jetzt denkst: „Ist der verrückt? Meine über Jahre gepflegte Lockenpracht?" ... dann möchte ich dich daran erinnern, dass es ja auch Streichresultate bei den Aufgaben gibt.

NOTIZEN ZU EINE GLATZE SCHNEIDEN LASSEN

64.

WILLST du MIT MIR SCHLAFEN

PERSÖNLICHE REIHENFOLGE

Vom Kennenlernen bis zum Sex
dauert es typischerweise zumindest
ein paar Stunden (manchmal auch sehr
viel länger). Deine Aufgabe ist es,
diesen Prozess dramatisch zu
beschleunigen. Sprich unbekannte
Menschen, die für dich dafür in Frage
kommen, direkt an und frage sie, ob
sie Lust hätten, mir dir Sex zu haben.

Verhaltenspsychologische Studien
haben gezeigt, dass die Chancen auf
ein spontanes „Warum nicht?", wenn
du ein halbwegs gutaussehendes,
männliches Exemplar bist bei deutlich
unter 5 % liegen. Bist du eine
attraktive Frau, dann sagt die
Statistik, dass ca. 2 von 3 Männern dir
diesen Wunsch gerne erfüllen würden.

Was du dann mit dem JA machst,
belasse ich ganz bei dir. Die Aufgabe
ist dann erfüllt, wenn du entweder ein
Ja erhalten hast oder zumindest
5 Personen gefragt hast.

PS:
Fast überflüssig zu sagen,
dass diese Aufgabe
ausschließlich für
Singles gedacht ist.

NOTIZEN ZU WILLST DU MIT MIR SCHLAFFEN

65.

KÄLTEKAMMER

PERSÖNLICHE REIHENFOLGE

Hast du schon mal etwas von
Kältekammern gehört?

Nein, damit meine ich nicht dein Bad,
wenn die Heizung ausgefallen ist.
Wie der Name schon sagt, ist das eine
Kammer, in der es sehr kalt ist –
zwischen -110 und -180 Grad Celsius.

Diese Kammern werden zu therapeuti-
schen Zwecken aber auch von Sportlern
zur Leistungssteigerung genutzt.

Deine Aufgabe ist dann vollbracht,
wenn du einen Besuch in der Kältekammern (üblicherweise zwischen
1 und 3 Minuten) absolviert hast.

NOTIZEN ZU KÄLTEKAMMER

66.
Feuer lauf

Nicht nur Kälte, wie wir sie bei einigen
der Aufgaben nutzen, auch Hitze kann
sehr gut eingesetzt werden, um deinen
Mutmuskel zu trainieren.

Hast du schon einmal das Gefühl
gehabt, über glühende Kohlen zu
gehen? In dieser Übung wirst du es
tatsächlich tun...

Allerding nicht im „Do it Yourself"-
Verfahren. Suche dir einen
professionellen Anbieter für
Feuerläufe und absolviere einen.

NOTIZEN ZU FEUERLAUF

67.
DEMONSTRATION

Warst du schon einmal auf einer **DEMO?**

Könnte sein. Doch die Wahrscheinlichkeit,
dass du selbst eine organisiert hast,
ist eher gering.

Es wird Zeit für deine eigene Demo!
Überlege dir etwas, wofür oder wogegen du
demonstrieren könntest, und organisiere
eine richtige Demo. Das heißt, es sollten
zumindest ein paar Leute mitgehen,
es braucht ein Banner oder Tafeln, ein
Megaphon wäre gut, um deine Botschaft
laut kundzutun.

Eine solche Demo musst du natürlich
behördlich anmelden und genehmigen
lassen. Doch das ist relativ einfach und
problemlos (je nachdem, worum es bei
deiner Demo geht). Ich weiß das, da ich
selbst schon einige Male eine gemacht habe.

NOTIZEN ZU DEMONSTRATION

mutig
LEBEN

Bist du nur zufällig hier angelangt, weil du gerade an der letzten Aufgabe arbeitest, oder hast du das Programm abgearbeitet und liest jetzt das Ende dieses Buches? Beides ist natürlich vollkommen in Ordnung. Es ist ja ohnehin kein Buch – wie eingangs erwähnt – das von Anfang bis Ende durchgelesen bzw. durchgearbeitet werden muss.

Solltest du noch mittendrin sein im Programm, oder gerade erst am Anfang, dann wünsche ich dir noch (weiterhin) viel Spaß dabei. Ja, ich weiß, angesichts einiger der Aufgaben denkst du jetzt vielleicht, dass Spaß nicht das passende Wort ist. Na gut, dann sagen wir mal:

Ich wünsch dir interessante Erlebnisse und Erfahrungen.

Solltest du bereits durch sein, dann hast du diese bereits gehabt, da bin ich mir ganz sicher... Und bisweilen mehr davon als du dir vielleicht gewünscht hast ;-). Aber – und da bin ich ebenso sicher – hast du dabei einiges gelernt (über andere und vor allem über dich selbst) und bist ein schönes Stück gewachsen.

Doch Muskeln, auch dein Mutmuskel, den du jetzt so schön trainiert hast, haben die Angewohnheit, auch wieder zu schrumpfen, wenn sie nicht benutzt werden. Das bedeutet, wenn dein Mutmuskel kräftig bleiben soll, dann musst du ihn kontinuierlich weiter trainieren.

Keine Angst, das bedeutet nicht, dass du dich von jetzt an jeden Tag aus dem Flugzeug stürzen oder in der Fußgängerzone singen musst. Zum Aufrechterhalten deiner gewonnenen Stärke, reicht es erfahrungsgemäß, wenn du beständig ein wenig daran arbeitest. Die einfachen Übungen aus dem ersten Teil des Buchs und ab und an eine aus dem zweiten reichen vollkommen dafür.

Manche davon lassen sich auch sehr gut in deine täglichen Routinen einbauen. Mach das, wo es möglich ist. Dann musst du nach einer Zeit nicht mehr darüber nachdenken, sondern machst es automatisch.

Ebenso wird sich automatisch dein Niveau steigern, ab dem es überhaupt noch eine Mutübung ist. Das, was vor ein paar Wochen vielleicht noch eine große Sache für dich war, ist heute – nach dem Programm – oft schon ganz normal. Manche der Aufgaben – nicht alle – kannst du ja durchaus immer weiter erhöhen.

Darüber hinaus könntest du natürlich – wenn du einen neuen Kick brauchst – die Aufgaben, die du im ersten Durchgang delegiert oder einfach ausgeklammert hast – in einem zweiten Anlauf auch erledigen... so sie für dich passen.

Wie auch immer du von hier aus weitermachst, ich bin überzeugt, dass du damit eine wichtige Entscheidung triffst, die dein ganzes Leben verändern wird bzw. auch schon verändert hat.

Letztlich – um zum Schluss vielleicht ein wenig philosophisch zu sein, wenn ich darf – geht es denke ich darum, zurückzublicken auf ein erfülltes Leben, in dem du deinen eigenen Weg gegangen bist. Und eines solltest du keinesfalls: Bereuen, was du alles NICHT getan oder in Angriff genommen hast, weil du zu tapfer und zu wenig mutig warst.

Corinna ist Verkäuferin im Außendienst eines Pharmaunternehmens. Mäßig erfolgreich sucht sie nach Möglichkeiten, überzeugender zu verkaufen. Eine Freundin schickt ihr ein Buch, das mit einem Schlag alles für sie verändert.

MUTIGE VERKÄUFER SIND ERFOLGREICHER

Was unterscheidet sehr erfolgreiche Verkäufer vom Durchschnitt? Beherrschen sie bessere Gesprächstechniken? Manchmal. Haben sie ein besseres Auftreten? Vielleicht. Doch es gibt eine Eigenschaft, die einen riesigen Unterschied für den Verkaufserfolg macht: Mut.
Die erfolgreichsten Verkäufer gehen über Grenzen hinaus – ihre eigenen und manchmal auch die ihrer Kunden – und tun das, was andere nicht wagen. Oft sind das nur Kleinigkeiten, die aber für ihr Ergebnis einen riesigen Unterschied machen, den
Unterschied zwischen einem Auftrag und leeren Händen.

In diesem kurzweiligen Businessroman erfahren Sie,

- ✔ was Mut im Verkauf bedeutet,
- ✔ warum sich mehr Mut im Verkauf bezahlt macht,
- ✔ wo Sie im Verkauf mutig sein können bzw. sollten,
- ✔ welche mutigen Strategien und Taktiken es gibt und
- ✔ wie Sie sich damit deutlich von Ihrem Mitbewerb unterscheiden.

Wer wagt, gewinnt: mehr Abschlüsse, mehr Umsatz, mehr Ertrag.

Kurzweilig, motivierend und Mut machend

Oft erwarten wir von den anderen und vom Leben das zu bekommen, was uns – wie wir meinen – zusteht. Wir denken jeder müsste das wissen, jedem müsste klar sein, was wir wollen. Warum es also sagen, es vielleicht sogar verlangen? Das tut man ja schließlich nicht. Dabei sitzen wir einem – weit verbreiteten – Irrglauben auf. Das was für uns so klar und offensichtlich ist, ist es für die anderen nicht ... und für das Leben erst recht nicht. Und so bekommen wir es oft nicht.

Dieses Buch macht Mut, zu sagen was du haben willst. Es zu verlangen. Nicht überheblich und doch hartnäckig. Selbstbewusst. Es hält 12 Regeln für dich bereit, nicht als Vorschriften, sondern als Leitlinien, als roten Faden auf dem Weg zu deinen Zielen. Es inspiriert dich, dir das, was dir einmal wichtig war, wieder bewusst zu machen. Es hilft dir, deinen Weg wieder zu finden und ihn mutig und selbstbestimmt zu gehen.

Made in the USA
Monee, IL
07 July 2026